Heróis e maravilhas
da Idade Média

Dados Internacionais de Catalogação na Publicação (CIP)
(Câmara Brasileira do Livro, SP, Brasil)

Le Goff, Jacques, 1924-2014
 Heróis e maravilhas da Idade Média / Jacques Le
Goff ; tradução de Stephania Matousek. – Petrópolis,
RJ : Vozes, 2020. – (Coleção Vozes de Bolso).
 Título original : Héros et merveilles du Moyen Âge
 Bibliografia.
 ISBN 978-65-5713-083-4
 1. Civilização medieval 2. Idade Média
I. Título. II. Série.

20-36682   CDD-940.1

Índices para catálogo sistemático:
1. Civilização medieval : História   940.1

Cibele Maria Dias - Bibliotecária - CRB-8/9427

Jacques Le Goff

Heróis e maravilhas da Idade Média

Tradução de
Stephania Matousek

Vozes de Bolso

© Éditions du Seuil, 2005 e 2008
Título do original francês: *Héros et merveilles du Moyen Âge*

Direitos de publicação em língua portuguesa – Brasil:
© 2009, 2020, Editora Vozes Ltda.
Rua Frei Luís, 100
25689-900 Petrópolis, RJ
www.vozes.com.br
Brasil

Todos os direitos reservados. Nenhuma parte desta obra poderá ser reproduzida ou transmitida por qualquer forma e/ou quaisquer meios (eletrônico ou mecânico, incluindo fotocópia e gravação) ou arquivada em qualquer sistema ou banco de dados sem permissão escrita da editora.

CONSELHO EDITORIAL
Diretor
Gilberto Gonçalves Garcia

Editores
Aline dos Santos Carneiro
Edrian Josué Pasini
Marilac Loraine Oleniki
Welder Lancieri Marchini

Conselheiros
Francisco Morás
Ludovico Garmus
Teobaldo Heidemann
Volney J. Berkenbrock

Secretário executivo
João Batista Kreuch

Editoração: Fernando Sergio Olivetti da Rocha
Diagramação: Sheilandre Desenv. Gráfico
Revisão gráfica: Jaqueline Moreira
Capa: Ygor Moretti

ISBN 978-65-5713-083-4 (Brasil)
ISBN 978-2-7578-1123-8 (França)

Editado conforme o novo acordo ortográfico.

Este livro foi composto e impresso pela Editora Vozes Ltda.

A Hanka (1934-2004)

Sumário

Prefácio, 9

Introdução, 11

1 Artur, 27
2 A catedral, 37
3 Carlos Magno, 51
4 O castelo medieval, 65
5 O cavaleiro, a cavalaria, 77
6 El Cid, 91
7 O claustro, 97
8 Cocanha, 103
9 O jogral, 111
10 O unicórnio, 119
11 Melusina, 129
12 Merlin, 139
13 O Bando Hellequin, 145
14 A Papisa Joana, 153
15 Renart, o raposo, 161
16 Robin Hood, 171
17 Rolando, 177
18 Tristão e Isolda, 185

19 O trovador, o troveiro, 191

20 A valquíria, 197

Bibliografia, 201

Prefácio

Esta é a nova edição em formato de bolso do "livro-objeto" que publiquei pela Editora du Seuil em 2005. Vou repetir aqui as intenções deste livro. Em primeiro lugar, insistir sobre a importância do imaginário na história, mas também mostrar que a Idade Média criou heróis e maravilhas destinadas a alimentar sonhos a longo termo, na maior parte das vezes através da sublimação das realidades sociais e materiais daquela época: catedrais, cavaleiros, amor (Tristão e Isolda), divertimentos e espetáculos (jograis, menestréis e trovadores), mulheres excepcionais que se situam entre Deus e satã (Melusina, Papisa Joana, Isolda, Valquíria). Eu quis acompanhar principalmente os avatares do imaginário a longo termo, com os seus eclipses e reflorescimentos. Estes últimos foram sobretudo o romantismo, e ainda mais os novos meios de expressão artística: cinema, histórias em quadrinhos.

Tudo isso deve, finalmente, valorizar e mostrar, através de imagens, a modernidade da Idade Média.

Gostaria de agradecer imensamente a Laurence Devillairs, que teve a ideia deste livro e realizou a seleção das imagens com muita inteligência e discernimento.

Introdução

O trabalho que proponho à leitura e ao olhar daquelas e daqueles que o terão em mãos situa-se em um domínio novo da história em plena expansão: o domínio do imaginário.

Évelyne Patlagean define-o da seguinte forma: "O domínio do imaginário constitui-se pelo conjunto das representações que ultrapassam o limite imposto pelas constatações da experiência vivida e pelas deduções correlatas que ela autoriza, o que equivale a dizer que toda cultura, portanto toda sociedade e mesmo todos os níveis de uma sociedade complexa, possui o seu imaginário. Em outras palavras, o limite entre o real e o imaginário mostra-se variável, ao mesmo tempo em que o território coberto por esse limite permanece, ao contrário, idêntico em qualquer tempo e lugar, visto que não se trata de outra coisa senão do campo completo da experiência humana, desde o mais coletivamente social até o mais intimamente pessoal"[1*].

Já tentei definir esse domínio do imaginário no meu livro *O imaginário medieval*[2]. Antes de tudo, é pre-

---

1. PATLAGEAN, E. A história do imaginário. In: LE GOFF, J. (org.). *A história nova*. São Paulo: Martins Fontes, 2005.

* A maioria das citações desta edição foi traduzida livremente [N.T.].

2. LE GOFF, J. *O imaginário medieval*. Lisboa: Estampa, 1994.

ciso distingui-lo de outros conceitos aproximados. Do de representação em primeiro lugar. Évelyne Patlagean tem razão ao dizer que o imaginário reúne um conjunto de representações, mas este vocábulo bastante amplo engloba toda tradução mental de uma realidade exterior que é percebida. "O imaginário faz parte do campo da representação, mas ele ocupa neste último a parte da tradução não reprodutora, não simplesmente transposta em imagens do intelecto, mas criadora, poética no sentido etimológico do termo." O imaginário transborda o território da representação e é levado adiante pela fantasia, no sentido forte da palavra. O imaginário constrói e alimenta lendas e mitos. Podemos defini-lo como o sistema de quimeras de uma sociedade, de uma civilização que transforma a realidade em visões ardentes do intelecto. Em seguida, o imaginário deve ser distinguido da simbólica. O pensamento do Ocidente medieval realizava-se através de um sistema simbólico, a começar pelas constantes correspondências entre o Novo e o Antigo Testamentos, pois o primeiro é a tradução simbólica do segundo. Para tomar o exemplo da definição de uma das maravilhas deste livro por Victor Hugo, quando o poeta diz de Notre Dame de Paris vista por Quasímodo: "Para ele, a catedral não representava apenas a sociedade, mas, mais do que isso, o universo, a natureza inteira", ele cria não somente uma catedral simbólica, como também uma catedral imaginária, pois "toda a igreja louvava uma coisa fantástica, sobrenatural, horrível, aqui e ali olhos e bocas abriam-se". Por fim, é necessário diferenciar o imaginário e o ideológico. O ideológico é investido por uma concepção do mundo que tende a impor à representação um sentido que perverte tanto o "real" material quanto esse outro real, o "imaginário". A mentalidade e o verbo medievais são estruturados por esse ideológico que coloca o imaginário a seu serviço para melhor persuadir, como por exemplo o tema dos dois gládios que simbolizam poder espiritual e poder temporal, posto a serviço da ideologia eclesiástica de modo a subjugar o gládio temporal ao espiritual em paralelo à imagem do gládio, da espada, um dos elementos essenciais desse imaginário medieval imbuído de ardor guerreiro. O termo "imaginário" sem dúvida remete-nos à imaginação, mas a história do imaginário não é uma história da imaginação no sentido tradicional, trata-se de uma história da criação e do uso das imagens que fazem uma sociedade agir e pensar, visto que resultam da mentalidade, da sensibilidade e da cultura que as impregnam e animam. Essa história tornou-se possível há algumas décadas a partir da nova utilização das imagens pelos historiadores[3]. Jean-Claude Schmitt, um dos historiadores que mais se dedicaram a essa nova história das imagens e pela imagem, enfatiza que o novo sentido da imagem para o historiador corresponde muito bem aos significados do termo *imago* na Idade Média.

> De fato, essa noção encontra-se no âmago da concepção medieval do mundo e do homem. Ela remete não somente aos objetos figurados, como também às "imagens" da linguagem; ela refere-se igualmente às imagens "mentais" da meditação e da memória, das quimeras e das

---

3. Sobre as imagens e o historiador, cf. SCHMITT, J.-C. Imagens. In: LE GOFF, J. & SCHMITT, J.-C. (orgs.). *Dicionário Temático do Ocidente Medieval*. Bauru/São Paulo: Edusc/Imprensa Oficial do Estado, 2002. • BASCHET, J. & SCHMITT, J.-C. (orgs.). *L'image* – Fonctions et usages des images dans l'Occident Médiéval. Paris: Le Léopard d'Or, 1996 [Cahiers du Léopard d'Or, n. 5]. • LE GOFF, J. *Un Moyen Âge en images*. Paris: Hazan, 2000. • WIRTH, J. *L'image medieval*: naissance et développement (XIe-XVe siècle). Paris: Klincksieck, 1989. Sobre o simbólico, cf. o incrível livro de PASTOUREAU, M. *Une histoire symbolique du Moyen Âge Occidental*. Paris: Seuil, 2003.

visões [...]. Por fim, a noção de imagem diz respeito à antropologia cristã por inteiro, tendo em vista que é o homem que a Bíblia qualifica de "imagem" logo nas suas primeiras palavras: Javé diz que ele fabrica o homem *ad imaginem et similitudinem nostram* (Gn 1,26)[4].

Portanto, este livro é um conjunto de textos e imagens articulados entre si. Ele só foi possível graças à sabedoria e pesquisa de Frédéric Mazuy, um iconografista notável. O presente trabalho não busca apresentar uma visão global do imaginário medieval, mas somente as suas características através de certas partes notórias deste conjunto. Trata-se, como o título indica, de heróis e maravilhas. O termo "herói", que na Antiguidade designava uma personagem fora do comum em função da sua coragem e vitórias sem que por isso ela pertencesse às categorias superiores dos deuses e semideuses, desapareceu da cultura e da linguagem com a Idade Média e o cristianismo no Ocidente. Os homens que a partir de então eram considerados como heróis – sem que este termo fosse empregado – eram um novo tipo de homem, o santo, e um tipo de governante promovido ao primeiro plano, o rei. Recentemente publiquei um livro sobre essas duas categorias de "heróis" da Idade Média[5]. Os heróis de que se trata aqui são personagens de alto posto ou de nível elevado que se definem não como santos e reis, mas de outra forma. O termo da linguagem medieval que mais se aproxima em francês antigo do que pretendo designar aqui é o adjetivo *preux* (corajoso, valente), que, no final do século XII, passa a ser substantivo. No século XII, o termo de onde vem a palavra *prouesse* (proeza) era

---

4. SCHMITT, J.-C. Imagens. Op. cit.
5. LE GOFF, J. *Héros du Moyen Âge*: le saint et le roi. Paris: Gallimard, 2004 [Col. "Quarto"].

associado ao valor guerreiro e à coragem, e na maior parte das vezes designava um homem destemido, um bom cavaleiro. No século XIII, ele modificou-se adotando principalmente o sentido de cortês, gentil, belo, franco. Veremos esses laços com a coragem e a cortesania nos heróis apresentados aqui. Algumas dessas personagens são históricas, mas rapidamente tornaram-se legendárias. É o caso de Carlos Magno e do El Cid. Outras são semilegendárias, tendo evoluído para o *status* de herói a partir de origens obscuras e às vezes incertas. É o caso do rei bretão Artur, encontrado em uma crônica do apogeu da Alta Idade Média, ou do Conde Rolando, sobrinho real, mas bastante obscuro, de Carlos Magno.

Outras, enfim, são puramente legendárias. É o caso de um suposto papa de sexo feminino, a Papisa Joana, e de um cavaleiro que roubava, um protetor dos fracos ligado ao mundo da floresta, Robin Hood, que surge nas crônicas do século XIV sem que qualquer aproximação histórica seja convincente. Sem dúvida nenhuma, este também é o caso da fada Melusina e do mago Merlin. Esta primeira lista mostra que, entre história e lenda, entre realidade e imaginação, o imaginário medieval constrói um mundo misto que constitui o tecido da realidade cuja origem se encontra na irrealidade dos seres que seduzem a imaginação dos homens e mulheres da Idade Média. Vê-se que não colocamos aqui nenhuma personagem que não tenha obtido um *status* legendário na Idade Média ou mais tarde: Joana d'Arc, por exemplo, não marcou as imaginações medievais e, quando tornou-se uma personagem quase legendária, não se destacou realmente da história ou, se por acaso o fez, foi por ter-se tornado para alguns uma verdadeira santa, e para outros o veículo de uma ideologia nacionalista. Vê-se também que a lista dos heróis apresentados aqui é essencialmente masculina. Ela corresponde bem a esse período, a essa civilização que Georges Duby chamou de "*mâle Moyen Âge*" ("máscula Idade Média"). No entanto, como a promoção da mulher, inclusive por intermédio da lenda e do mito, não foi – longe disso – inexistente na Idade Média, encontraremos aqui quatro mulheres bem diferentes umas das outras. Uma delas, personagem romanesca, está no âmago do tema do amor cortês. É Isolda, que eu não quis separar de Tristão e que prova a presença, na realidade social e no imaginário da Idade Média, de casais célebres: Abelardo e Heloísa, São Francisco e Santa Clara de Assis, Tristão e Isolda. Neste estudo não separei Tristão e Isolda como a lenda quis impiedosamente fazê-lo, sem felizmente consegui-lo. Uma outra mulher é produto das fantasias dos clérigos. Ela ilustra bem o medo que esses guerreiros brutais e sem tato tinham dos charmes e malefícios da mulher, considerada como uma nova Eva. Que escândalo, que catástrofe se uma mulher traiçoeiramente adotasse o corpo e a função de um homem, o único autorizado a preencher essa condição! Deste medo, desta fantasia nasceu a legendária Papisa Joana.

As duas outras mulheres deste livro são sobrenaturais. Elas são fantásticas e testemunhas da presença, no seio do cristianismo medieval, de personagens e lemas legados pelas crenças pagãs que foram combatidas e mais ou menos eliminadas ou simplesmente cristianizadas em superfície. Do mundo germânico pagão vem a Valquíria, a virgem guerreira que protege as portas do Valhalla, o paraíso teutônico. A outra, a Melusina, vem do mundo céltico e infernal. Eu gostaria de enfatizar desde já a importância, no imaginário medieval, do que chamamos meio vagamente de "cultura popular". Como este livro não privilegia os objetos "maravilhosos" – que nós encontraremos, porém, ao lado dos nossos heróis –, não há nenhum artigo sobre esses objetos tão importantes no imaginário medieval, como as espadas, por exemplo a Joyeuse de

Carlos Magno, a Durandal de Rolando, a Excalibur de Artur; as trompas, das quais a mais famosa é a de Rolando; os filtros, que desempenham um grande papel na história de Tristão e Isolda; e por fim aquele objeto misterioso e místico que encontraremos no topo do ideal cavaleiresco, o Graal.

Fora as personagens individuais, este livro apresenta as personagens coletivas que habitaram o imaginário medieval. Como já dito a propósito dos cavaleiros valentes, elas evocam ou coragem guerreira ou cortesania, ou as duas ao mesmo tempo. Trata-se do cavaleiro, que se situa no centro do imaginário cavaleiresco, e do trovador, que se encontra no cerne do imaginário cortesão. Juntei a estes dois o grande animador da sociedade senhorial medieval, o truão criador da brincadeira e do riso, o jogral.

Assim como apresentei os reis e os santos em outro livro, outros seres superiores não constarão aqui. Os inúmeros seres que povoam o céu e os infernos e que frequentemente passeiam neste mundo, anjos e demônios que agridem ou socorrem sem descanso os homens, não pertencem ao conjunto de seres essencialmente humanos, embora legendários e míticos, que povoam este livro. Encontraremos aqui apenas uma exceção: o bando Hellequin, que os alemães chamam de "caça selvagem" ou "enfurecida" (*wilde, wütende Heer*), já que esta tropa de cavalgantes fantásticos que percorrem as noites do imaginário dos homens da Idade Média é constituída por seres humanos e representa um grupo "maravilhoso" de fantasmas. Na minha seleção, não retive os seres fantásticos de aparência humana, dos quais quase nenhum se distinguiu a ponto de se tornar um elemento individualizado que a Idade Média teria legado à posteridade. Trata-se dos gigantes e dos anões, os quais figuram quase que no imaginário medieval inteiro. Porém, a memória desses seres de tamanho excepcional não se manteve de modo individual. Com relação aos anões, somente o belo anão da canção de gesta *Huon de Bordeaux*, Aubéron, marcou a história musical com a sua trompa mágica graças à ópera romântica de Weber. Quanto aos gigantes, fora o malvado Morholt de Tristão e Isolda, o único que se tornou um herói positivo conseguiu esta posição ao virar um santo, São Cristóvão, que no imaginário contemporâneo carrega o Menino Jesus no ombro.

Em compensação, encontraremos entre os heróis e as maravilhas dois representantes do mundo animal maravilhoso[6]. Os animais não somente povoaram intensamente o ambiente doméstico e selvagem dos homens e mulheres da Idade Média, como também rodearam ou iluminaram o seu universo imaginário. Eles estão representados aqui por um animal legendário, o unicórnio, e um real que se tornou legendário graças à literatura, a raposa. Como foram elevados ao mesmo nível que os homens e as mulheres da Idade Média, eles ilustram também a ausência de fronteiras entre o mundo puramente imaginário e o mundo transformado em fantasia que caracteriza o universo medieval, o qual ignorava qualquer demarcação entre o natural e o sobrenatural, esta terra e o além, a realidade e a fantasia. Não incluí, porém, um domínio essencial dos animais imaginários, os monstros[7]. Estes últimos geralmente são seres puramente maléficos, e os heróis e maravilhas do nosso livro ou são positivos ou no máximo ambíguos. O que

---

6. DELORT, R. Animais. In: LE GOFF, J. & SCHMITT, J.-C. (orgs.). *Dicionário Temático do Ocidente Medieval. Op. cit.*

7. LECOUTEUX, C. *Les monstres dans la pensée médiévale européenne*. Paris: Presses de l'Université de Paris-Sorbonne, 1993.
• FRIEDMAN, J.B. *The Monstrous Races in Mediaeval Art and Thought*. Cambridge, Mass.: Harvard University Press, 1981. Umberto Eco está preparando um livro sobre os monstros medievais.

é apresentado aqui constitui o melhor do imaginário medieval. Em paralelo aos heróis, a outra vertente deste livro são as maravilhas[8]. O maravilhoso é uma categoria legada pela Antiguidade, mais precisamente pelo saber romano na Idade Média cristã. O termo, que aparece na maior parte das vezes sob a forma de *mirabilia*, no plural, designa realidades geográficas e, de modo geral, naturais, surpreendentes. A noção invade a literatura e a sensibilidade medievais através das línguas vulgares; "maravilha" pode ser encontrada a partir do século XIII em francês antigo em *Vie de saint Alexis* e na *Canção de Rolando*; no mesmo modelo, outros termos vindos do latim encontram-se em italiano, espanhol e português; no mesmo momento, o alemão propõe *Wunder*, e o inglês, *Wonder*, e as línguas eslavas, tais como o polonês, utilizam o termo *Cud*. O maravilhoso forma sistema com o milagre e a magia.

O milagre é reservado a Deus e se manifesta por um ato divino que desafia as leis da natureza. A magia, embora subsista uma forma lícita de magia bran-

---

8. "De l'étranger à l'étrange ou la 'conjointure de la Merveille'. *Senesciences*, 25, 1988. • *Démons et Merveilles du Moyen Âge*. Nice: Faculté des Lettres et Sciences Humaines, 1990 [Colóquio de Nice, 1987]. • TILBURY, G. *Le livre des merveilles*. Paris: Les Belles Lettres, 1992. • KAPPLER, C.-C. *Monstros, demônios e encantamentos no fim da Idade Média*. São Paulo: Martins Fontes, 1994. • "Paganisme, christianisme et merveilleux". *Annales ESC*, 1982, p. 700-716. • LE GOFF, J. O maravilhoso. In: LE GOFF, J. & SCHMITT, J.-C. (orgs.). *Dicionário Temático do Ocidente Medieval*. Op. cit. • MESLIN, M. (org.). *Le merveilleux, l'Imaginaire et les croyances en Occident*. Paris: Bordas, 1984. • LE GOFF, J. O maravilhoso no Ocidente medieval. In: LE GOFF, J. *O imaginário medieval*. Op. cit. • POIRION, D. *Le merveilleux dans la littérature française au Moyen Âge*. Paris: PUF, 1982 [Col. "Que sais-je?"]. • DUBOST, F. Merveilleux. In: GAUVARD, C.; LIBERA, A. & ZINK, M. (orgs.). *Dictionnaire du Moyen Âge*. Paris: PUF, 2002, p. 906-910.

ca, é essencialmente uma forma condenável de feitiçaria atribuível ou ao inimigo do gênero humano, o diabo, ou aos seus servidores, como os demônios e bruxos. O maravilhoso, mesmo sendo surpreendente e incompreensível, faz parte da ordem da natureza. Em seu livro *Otia imperialia*, enciclopédia escrita pelo Imperador Otton IV por volta de 1210, o inglês Gervais de Tilbury define o maravilhoso: "O que foge à nossa compreensão, embora seja natural". A categoria do maravilhoso não parou de se estender ao longo da Idade Média, pois ela introduzia no território terrestre e humano belezas de certa forma roubadas de Deus pela indústria dos homens.

O domínio do maravilhoso é a estupefação dos homens e mulheres da Idade Média. Ele suscita o maravilhamento e depende do mais bem exercitado e exaltado sentido do homem medieval: a visão. O maravilhoso fazia os olhos dos homens e mulheres da Idade Média arregalarem-se ao mesmo tempo em que estimulava o intelecto deles. Neste livro, o maravilhoso aparece sob a forma de três edifícios, cada um dos quais é consagrado a um dos três principais poderes que dominam e dirigem a sociedade medieval. O primeiro é Deus e seus sacerdotes, e a maravilha é a catedral. O segundo é o senhor feudal, e a maravilha é o castelo medieval. O terceiro é a sociedade monástica, e a maravilha é o claustro. Cada um desses edifícios abriga um espaço cerrado maravilhoso. Trata-se, portanto, de lugares que lembram o jardim fechado e o paraíso, de territórios maravilhosos do espaço.

O nosso imaginário medieval está evidentemente ligado ao espaço e ao tempo. Do ponto de vista do espaço, ele é fundamentalmente europeu, embora em certos casos o herói e a maravilha estejam mais ligados a uma parte da cristandade, sem que por isso se limitem a ela. Assim, Artur e Robin Hood são principalmente britânicos, El Cid é sobretudo espanhol, Melusina despertou sonhos na França e no Chipre, onde a família feudal dos Lusignan foi coroada, a Valquíria na Alemanha e na Escandinávia.

Do ponto de vista cronológico, eu quis apresentar aqui o imaginário criado e modelado pela Idade Média. Portanto, deixei de lado tudo o que vinha, de um lado, da Antiguidade greco-romana e, do outro, do Oriente. Quanto aos cavaleiros valentes, veremos no capítulo "O cavaleiro, a cavalaria" como os homens do século XIV transformaram em cavaleiros valentes, ao lado de personagens ilustres da Idade Média, três personagens da Antiguidade (Heitor, Alexandre e César) e três personagens da Bíblia (Josué, Davi e Judas Macabeu). Aqui não se encontram aqueles cavaleiros valentes que a Idade Média simplesmente tomou emprestados. Depois de certa hesitação, também excluí Alexandre, que esteve em grande voga no imaginário medieval, mas que não foi criado por este último. Da mesma forma, não mantive os heróis bíblicos, que não somente não foram inventados pela Idade Média, mas que também foram transformados pelos clérigos medievais geralmente em algo diferente dos heróis ou dos cavaleiros valentes, com exceção dos três tirados da Bíblia no sistema dos nove cavaleiros valentes. Se Davi realmente viveu na Idade Média, foi como rei e músico. Se Salomão teve uma história perturbada durante o período medieval, passando da imagem de um feiticeiro maléfico à de um sábio bem-aventurado, ele não tem nada a ver com a problemática dos heróis e das maravilhas. Nas margens deste mundo situam-se, parece-me, uma única personagem do Antigo Testamento: Jonas, que foi maravilhosamente engolido e cuspido por uma baleia, e o mundo das temíveis maravilhas que o cristianismo incluiu no Novo Testamento, mas que permaneceram estrangeiras a ele, apesar do seu sucesso: os heróis e maravilhas monstruosas do Apocalipse. O Oriente, e mais especificamente a Índia, foi uma das maiores fontes do imaginário medieval[9]. Porém, somente um herói indiano, que aliás é cristão, individualizou-se no Ocidente medieval. É o Padre João, rei-padre que no século XII teria enviado uma carta aos ocidentais na qual descrevia as maravilhas da Índia. No entanto, este texto circulou apenas nos meios eruditos, e o Padre João não se tornou suficientemente popular para constar entre os heróis e maravilhas do Ocidente medieval. Essa divulgação especial dos mitos está estreitamente ligada à história das civilizações. A área deste livro é a cultura cristã medieval e as suas heranças, ou seja, a Bíblia, a Antiguidade greco-romana, as tradições pagãs célticas, germânicas e eslavas principalmente. Sua ampla divulgação social faz dela um território dividido entre o que chamamos de cultura erudita e cultura "popular". Portanto, com frequência serei levado a aprofundar-me sobre o folclore europeu e internacional, e evocar longínquas heranças ou culturas comuns, em especial o que chamamos de sistema indo-europeu (do qual falo, por exemplo, a propósito

---

9. WITTKOWER, R. "Marvels of the East – A study in the History of Monsters". *Journal of the Warburg and Courtauld Institutes*, n. V, 1942, p. 159-197. • GUMILEV, L.N. *Searches for an Imaginary Kingdom* – The Legend of the Kingdom of Pfister John. Londres: Cambridge University Press, 1987. • SOLINUS, C.J. *Collectanea rerum memorabilium*. 2. ed. Berlim: Mommsen, 1895. • JAMES, M.R. *Marvels of the East* – A Full Reproduction of the Three Know Copies. Oxford: [s.e.], 1929. • MARCO POLO. *O livro das maravilhas* – A descrição do mundo. Porto Alegre: L&PM, 1985. • D'AILLY, P. *Imago mundi*. Paris: E. Buron, 1930 (cf. o cap. *De mirabilibus Indiae*, p. 264ss.). • ZAGANELLI, G. (org.). *Lettra del Prete Gianni*. Parma: [s.e.], 1990. • ZAGANELLI, G. *L'Oriente incognito medievale*. [s.l.]: Saveria Manelli, 1997. • LE GOFF, J. L'Occident médiéval et l'océan Indien: un horizon onirique. In: *Pour un autre Moyen Âge*. Paris: Gallimard, 1977, p. 280-306.

de Artur ou de Melusina). Porém, sem negar esses parentescos, e até essas afiliações, insisto sobretudo na força criadora do Ocidente medieval tanto no domínio do imaginário como no conjunto dos domínios da civilização e na originalidade da maioria dessas criações. A elaboração da utopia de Cocanha, que pode ser datada, é um bom exemplo disso. E, para tomar o exemplo de um herói coletivo bastante presente nesse imaginário (o cavaleiro), os cavaleiros medievais podem reduzir-se aos heróis da segunda função indo-europeia, aos *equites* romanos e aos samurais japoneses, mas, afinal, o espírito cavaleiresco não é uma criação e herança da Idade Média europeia?

Da mesma forma, como em geral um mito está ligado a um lugar ou a um espaço, a maneira como a Idade Média ocidental fixa seus heróis e maravilhas a lugares, mesmo que não sejam aqueles onde eles surgiram, concede-lhes um ponto de implantação geográfica significativo – seja geografia real ou imaginária.

Do ponto de vista cronológico igualmente, esse imaginário constituiu-se ao longo da Idade Média inteira, do século IV ao XIV. Porém, ele floresceu e constituiu-se essencialmente em um universo mais ou menos coerente, principalmente no grande período do Ocidente medieval, que não somente acolheu o seu progresso, mas, como tentei demonstrá-lo, fez com que os valores e, com estes, as imagens do céu descessem para a terra. Os heróis e maravilhas da Idade Média consistem nas luzes, nas proezas dessa instalação dos cristãos em uma terra que eles decoraram com o que edificava a glória e o charme do mundo sobrenatural. Assim como a Jerusalém celeste descera do céu para a terra, os heróis e maravilhas suscitados e criados por Deus foram conservados e exaltados pelos homens já neste mundo, sem esperar a viagem ao além. Este livro pretende ilustrar este grande movimento dos cristãos da Idade Média de conversão a este mundo terrestre em um contexto de lendas e mitos[10].

Esta história do imaginário também é, a um grau elevado e em profundeza, uma história com longa duração. Este livro apresenta os heróis e maravilhas da Idade Média, tais como esta última os construiu, venerou, amou e depois legou aos séculos futuros, nos quais eles continuaram vivos, transformando-se em uma combinação de alusões ao passado, adaptações ao presente e abertura com relação ao futuro. De certa forma, trata-se de uma história das atitudes no que diz respeito à Idade Média, do "gosto pela Idade Média" – para retomar o título de um belo livro de Christian Amalvi (*Le goût du Moyen Âge*, em francês).

Este livro é, no domínio do imaginário, a extensão do meu recente ensaio *As raízes medievais da Europa*[11]. Veremos que, se alicerces essenciais da Europa subsistiram desde a Idade Média, a herança dos mitos, heróis e maravilhas foi vítima de um esquecimento, de uma "perda" nos séculos XVII e XVIII, período no qual constituiu-se e reforçou-se, do humanismo às Luzes, uma imagem "negra" da Idade Média: época de obscurantismo, mundo das trevas, *dark ages*. Salvo exceção, os heróis e maravilhas da Idade Média voltaram a ser "bárbaros" – a evolução do gótico ligado à catedral é, a esse respeito, exemplar – ou, mais ainda, foram reco-

---

10. Este período vai do século XII ao XIII. Cf. LE GOFF, J. "Naissance du roman historique du XIIe siècle?" *Le Roman Historique* – Nouvelle Revue Française, n. 238, out./1972 [número especial]. • LE GOFF, J. Du ciel sur la terre: la mutation des valeurs du XIIe au XIIIe siècle dans l'Occident chrétien". In: LE GOFF, J. *Héros du Moyen Âge...* Op. cit., p. 1.263-1.287.

11. Petrópolis: Vozes, 2007.

bertos por um esquecimento parecido com o gesso e à cal que dissimularam os afrescos medievais.

Em compensação, o Romantismo ressuscitou as lendas e mitos da Idade Média, fê-los renascer no imaginário, em realidade uma lenda de ouro. Este livro consiste em uma ilustração das metamorfoses da memória, dos eclipses e ressurreições, das transfigurações de uma civilização em tudo o que ela tem de mais brilhante, de mais brilhantemente emblemático.

A atual busca por essas metamorfoses do imaginário medieval ilumina os heróis e maravilhas, restituindo-lhes a sua "verdade", sem no entanto amputá-los nem da aura que explica o seu sucesso e nem da sua função histórica. A Idade Média hoje está na moda, entre sombra e luz[12]. Este livro pretende trazer uma contribuição à voga da "nova" Idade Média, mostrar de onde vem, o que é, e em que perspectivas, futura, europeia ou globalizada, ela ocupa um lugar.

Assim, esta investigação, que em vez de somas apresenta ao leitor pistas, também revela que a história, construída com base em documentos que alimentam as

---

12. A posteridade da Idade Média. Cf. AMALVI, C. Idade Média. In: LE GOFF, J. & SCHMITT, J.-C. (orgs.). *Dicionário Temático do Ocidente Medieval*. Op. cit. • AMALVI, C. *Le goût du Moyen Âge*. Paris: Plon, 1996. • BRANCA, V. (org.). *Concetto, storia, miti e immagiti del Medioevo*. Florença: Sansoni, 1973. • ECO, U. "Dez modos de ignorar a Idade Média". In: *Sobre os espelhos e outros ensaios*. Rio de Janeiro: Nova Fronteira, 1989. • FUHRMANN, H. *Überall ist Mittelalter* – Von der Gegenwart einer vergangenen Zeit. Munique: Beck, 1996. • LE GOFF, J. & LOBRICHON, G. (orgs.). *Le Moyen Âge aujourd'hui* – Trois regards contemporains sur le Moyen Âge: histoire, théologie, cinéma. Paris: Léopard d'Or, 1998 [Colóquio de Cerisy-la-Salle, jul./1991 – Cahiers du Léopard d'Or]. • BOUREAU, A. Moyen Âge. In: GAUVARD, C.; LIBERA, A. & ZINK, M. (orgs.). *Dictionnaire du Moyen Âge*. Op. cit., p. 950-955.

técnicas de ressurreição do passado, muda, transforma-se com os meios de expressão e comunicação inventados pelos homens; assim como os textos escritos que substituíram a tradição oral o fizeram na Idade Média. Veremos aqui, após o renascimento do Romantismo, um terceiro renascimento do imaginário medieval com duas invenções supremas do século XX: o cinema[13] e as histórias em quadrinhos[14]. Se existe uma história profundamente perpetuada e renovada pelas grandes ondas das revoluções do texto e da imagem, é realmente a história do imaginário.

---

13. A Idade Média e o cinema. Cf. AIRLIE, S. Strange Eventful Histories: The Middle Ages in the Cinema. In: LINEHAN, P. & NELSON, J.L. (orgs.). *The Medieval World*. Londres/Nova York: Routledge, 2001, p. 163-183. • BRETÈQUE, F. Le regard du cinéma sur le Moyen Âge. In: LE GOFF, J. & LOBRICHON, G. (orgs.). *Le Moyen Âge aujourd'hui...* Op. cit., p. 283-326. • "Le Moyen Âge au cinema". *Cahiers de la Cinémathèque*, n. 42-43, 1985 [número especial]. • "Le Moyen Âge vu par le cinéma européen". *Les Cahiers de Conques*, 3, abr./2001.

14. O selo postal também é um suporte moderno de expressão do imaginário tradicional.

1
Artur

> Artur é um herói exemplar da Idade Média. Embora seja provável que ele tenha sido inspirado por uma personagem histórica, não se sabe praticamente nada sobre ela.

Artur representa bem aqueles heróis da Idade Média que, entre realidade e imaginário, entre ficção e história, tornaram-se personagens míticas, assim como certas personagens históricas que realmente existiram distanciaram-se da história para tornar-se, por sua vez, mitos e juntar-se aos heróis fictícios no mundo do imaginário. A respeito, veremos a evolução paralela e cruzada de dois dos grandes heróis da Idade Média entre história e mito, Artur e Carlos Magno.

Artur aparece na *Historia britonum* (*História dos bretões*), do cronista Nennius, no início do século IX. Segundo Nennius, um certo Artur teria combatido os saxões ao lado do rei dos bretões durante a invasão da Grã-Bretanha pelos saxões. Chefe de guerra, ele teria matado impressionantes 960 inimigos. Artur entra, portanto, para a história essencialmente como um guerreiro de estatura excepcional, um defensor dos bretões, e, na Alta Idade Média, sua figura permanece ligada à literatura oral dos celtas, em especial nos *Mabinogion* galeses, que contam as infâncias de heróis. Artur já foi comparado a heróis que pertenceram a outras culturas, principalmente à cultura trifuncional dos indo-europeus ou ao folclore europeu e mesmo germânico. Porém, seja qual for a natureza do herói Artur, aquele que a Idade Média ocidental criou e legou-nos é um herói celta particularmente associado à ideologia nacional britânica.

O verdadeiro nascimento de Artur encontra-se na obra de um cronista provavelmente galês, um cônego de Oxford chamado Geoffrey de Monmouth, em sua *Historia regum Britanniae* (*História dos reis de Bretanha*), redigida entre 1135 e 1138. Geoffrey conta a história dos reis de Bretanha a partir de Brutus, que, junto com os romanos, trouxe a sua primeira civilização aos bretões. Mestiços de romanos e bárbaros, os bretões são governados por uma série de reis, dos quais o último, Utherpendragon, com a ajuda dos encantamentos do mago Merlin, concebe com a mulher que ele ama, Ingerne, um filho, Artur. Rei aos quinze anos, Artur multiplica vitórias contra os romanos e os povos da Europa Ocidental. Conquista toda a Grã-Bretanha, as ilhas do norte e todo o continente até os Pireneus após matar o gigante que espalhava terror nos arredores do Monte São Michel. Seu sobrinho Mordred, porém, rouba-lhe a mulher e o reino. Ao voltar do combate Artur mata-o, mas acaba ele próprio mortalmente ferido, e é transportado para a Ilha de Avalon, ao largo do País de Gales, onde deverá ou morrer ou esperar poder, após recuperar-se, reconquistar o seu reino e império. Artur torna-se rapidamente o herói central de um conjunto de textos literários que constitui uma das mais ricas e fortes criações do imaginário medieval, a lenda arturiana.

Momentos essenciais desta criação literária compõem-se dos romances de Chrétien de Troyes entre 1160 e 1185 e da lenda arturiana em prosa na primeira metade do século XIII. Vê-se o quão fundamental é o papel da imaginação criadora da literatura medieval na construção do imaginário dos heróis e maravilhas. A história do imaginário permite atribuir à literatura medieval o seu lugar essencial na cultura, mentalidade e ideologia da época, e mais ainda na sua continuação através dos séculos. Artur é a personagem central do grande campo literário que foi chamado de "matéria de Bretanha". Ele suscitou o nascimento de, ou reuniu ao seu redor, toda uma série de outros heróis, dos quais os mais radiantes são Galvão, Lancelot e Percival. Criou uma instituição utópica, uma das raras do Ocidente medieval cristão, a Távola Redonda, da qual os cavaleiros foram os heróis exemplares, como veremos no capítulo "O cavaleiro, a cavalaria". Artur também representa o laço entre o herói guerreiro que ele é e aquele que o acompanha com suas profecias e proteção, desde o nascimento até a morte, Merlin. Ele deu origem à elaboração de uma maravilha extraordinária que não se encontra neste livro porque praticamente desapareceu de nossas imaginações, o Graal. Este último é um objeto mágico que se tornou uma espécie de cibório, cuja busca e conquista impõem-se aos cavaleiros cristãos, em especial aos da Távola Redonda. Trata-se do mito no qual culmina a cristianização cavaleiresca na Idade Média. A utopia da Távola Redonda permite igualmente ver que o mundo dos heróis e maravilhas encobre também as contradições da sociedade medieval e de sua cultura. A Távola Redonda é o sonho de um mundo de igualdade que não encontrou sua encarnação na sociedade medieval, que era fortemente hierarquizada e desigual. No entanto, na ideologia feudal há uma aspiração a criar na camada superior, nobre e aristocrática, instituições e um comportamento de igualdade. O beijo na boca trocado pelo senhor e o vassalo é o símbolo gestual disso. A Távola Redonda, além da referência à globalidade do universo, à totalidade do globo, consiste em um sonho de igualdade que seria garantido por Artur e que encontrará sua encarnação social no mundo aristocrático.

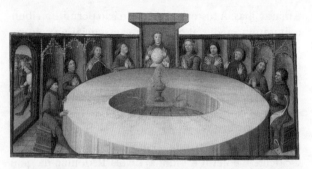

Sob um baldaquino, Artur preside a Távola Redonda, em cujo centro brilha o Graal. Somente nove cavaleiros aparecem ao seu redor. Ms fr. 120, fl. 524v, século XIV, Paris, BNF.

Contudo, mais que do guerreiro e do cavaleiro, Artur é a encarnação mítica do líder por excelência das sociedades políticas medievais, o rei. É significativo que, muito cedo – como se vê, por exemplo, no mosaico do século XI do pavimento da Igreja de Otranto, na Itália do Sul –, o verdadeiro nome de Artur seja *Arthurus rex*, e Artur permanece no imaginário poético europeu como o símbolo desse rei que naquele lugar não existia mais senão sob uma forma profundamente desmistificada, sem ter perdido completamente o seu caráter sacro. Artur é um rei não somente presente e mítico ao mesmo tempo, como também milenarista. Os homens e mulheres da Idade Média frequentemente sonharam com o nascimento aqui na terra de um reino da fé e da virtude, o "Milênio Apocalíptico", dirigido por um rei proveniente da história. Este tema obteve um grande sucesso no Oriente, com a variante do emir oculto. No Ocidente, seu papel foi apropriado por imperadores como Frederico Barba Ruiva, que não teria morrido, mas estaria dormindo em uma caverna, e sobretudo por Artur, em Avalon, esperando um retorno. É o tema de *Rex quondam, rexque futurus*, ou seja, rei ontem, rei amanhã.

Enquanto um objeto mítico como a Távola Redonda está estreitamente associado à imagem de Artur, um objeto personalizado, pertencente aos grandes guerreiros e cavaleiros, está mais ainda ligado ao seu nome: a sua espada. Espada mágica cujo peso ele é o único a conseguir manejar, com a qual ele extermina maravilhosamente inimigos e monstros, principalmente gigantes, e cujo arremesso em um lago significa o fim da sua vida e poder. Essa espada é a Excalibur, cujo desaparecimento coroa o episódio crepuscular da morte de Artur, e que o grande cineasta britânico John Boorman ressuscitou em seu filme *Excalibur*. Encontraremos espadas personalizadas com Carlos Magno e Roland: Joyeuse, Durandal, Excalibur são as companheiras maravilhosas de heróis excepcionais. Artur encarna, em primeiro lugar, a combinação de valores elaborados pela Idade Média. Valores certamente bastante marcados pela influência cristã, mas antes de tudo valores laicos de heróis laicos. Artur exprime em si mesmo os dois tempos sucessivos dos valores feudais. No século XII, a proeza, no XIII, a cortesania. Ele foi o rei trifuncional da tradição indo-europeia, rei sagrado da primeira função, rei guerreiro da segunda, rei civilizador da terceira. Ele ilustrou bem o que o grande historiador da literatura medieval, Erich Köhler, definiu de modo extremamente pertinente: "O duplo projeto do mundo feudal cortês: a legitimação histórica e a elaboração de mitos".

Como todos os heróis, e em especial na Idade Média, Artur está estreitamente ligado a lugares. São lugares de batalhas, de residência e de morte. Há primeiramente a área do essencial dos seus combates, conquistas e vitórias: os países celtas, a Irlanda, o País de Gales, a Cornualha, a Armórica. Há Tintagel, na Cornualha, onde ele teria sido concebido; Camelot, sua capital imaginária nos confins da Cornualha e do País de Gales[1]. Há ilhas maravilhosas como Avalon. Há

---

1. PICKFORD, C.E. Camelot. In: *Mélanges de langue et de littérature médiévales offerts à Pierre le Gentil*. Paris: Sedes, 1973, p. 633-640.

o monastério inglês de Glastonbury, abadia beneditina na fronteira com o País de Gales, onde teriam sido descobertos em 1191 os restos mortais de Artur e da Rainha Guenièvre. Porém, distante do mundo celta, há também um lugar surpreendente ligado ao Artur entre a vida e a morte, ao Artur enquanto rei da espera. Este lugar é o Etna, no interior do qual ele teria sido deixado, longe de qualquer sofrimento, como conta uma admirável coletânea de contos maravilhosos de um inglês do início do século XIII, Gervais de Tilbury, e onde ele teria ficado esperando, deitado e tranquilo, um retorno maravilhoso à terra ou a sublimação do paraíso. Assim, Artur está ligado ao que chamei de nascimento do purgatório, a um momento de hesitação entre a Irlanda e a Sicília, a partir do qual esse rei celta seria um dos primeiros habitantes do purgatório que inflava a cristandade[2].

Todavia, na Europa cristã – característica que se mantém até hoje –, não existe herói todo-poderoso nem maravilha sem um lado inverso. O herói é apenas um homem, todo homem é pecador, e à fidelidade feudal opõe-se inevitavelmente a traição dos malfeitores. Além disso, embora a ideologia monárquica construa a personagem do rei como um herói, ela está longe de conferir-lhe o caráter absolutista que mais tarde o Renascimento e a época clássica buscaram atribuir-lhe. Artur é pecador, Artur é traído. Artur, dominado pela concupiscência, une-se à sua irmã, e deste incesto nasce Mordred. A toda grande personagem está reservado um grande pecado, os reis e heróis (é o caso de Car-

---

[2]. O grande historiador italiano da literatura popular e do folclore Arturo Graf (1848-1913) dedicou um belo artigo a "Artú nel'Etna" em seu livro *Miti, leggende e superstizioni del medioevo*. 2 vol. Turim: Chantiore, 1892-1893. Uma nova edição foi publicada recentemente por Bruno Mondadori: tomo I. Milão, 2002, p. 375-392.

los Magno) com frequência são incestuosos. Quanto ao fruto do pecado, Mordred, trata-se do traidor cuja morte provoca a ferida fatal de Artur; e, mesmo que este tenha sofrido uma outra traição, a da sua mulher Guenièvre com o seu vassalo Lancelot, ele próprio traiu Guenièvre em diversas ocasiões.

Depois de Geoffrey de Monmouth, o sucesso de Artur não parou de crescer. Ele foi garantido primeiro pela política dos reis da Inglaterra Plantagenetas. A utilização política dos heróis é um dos grandes fenômenos da história, em especial na Idade Média, e na história europeia. Ao mesmo tempo, os reis da Inglaterra exaltavam Artur face aos alemães e aos franceses, que, na corrida pelo patrocínio histórico-mítico, tentavam apropriar-se de Carlos Magno cada vez mais. Assim, na história da Europa estabeleceu-se uma dupla que ora se reforçava mutuamente e ora se opunha, Artur e Carlos Magno.

O sucesso de Artur foi tão intenso que no início do século XIII o cisterciense Cesário de Heisterbach pôde escrever em seu *Dialogus miraculorum* que estavam alguns monges cochilando durante uma pregação de seu abade quando de repente este levantou a voz: "Escutai-me, irmãos, escutai bem, contar-vos-ei um fato novo e extraordinário: era uma vez um rei que se chamava Artur". A essas palavras, os monges acordaram e se agitaram, dispostos a escutar. Artur tornou-se um herói mesmo nos claustros. Outra prova do sucesso da imagem de Artur na sociedade medieval muito além dos meios aristocráticos é a popularidade do nome Artur, que se pode observar no momento em que se formam, nos séculos XIII e XIV no Ocidente cristão, a antroponímia moderna, que agrega um sobrenome e um nome, principalmente nas categorias sociais urbanas. Michel Pastoureau apontou de forma notável a difusão do nome Artur e dos nomes derivados dos sobrenomes dos principais cavaleiros da

Távola Redonda ao enfatizar que um nome de batismo nunca é neutro, que ele é "o primeiro indicador social, o primeiro atributo, o primeiro emblema". Ele estudou a frequência dos nomes de cavaleiros da Távola Redonda a partir de cerca de 40 mil legendas de selos franceses anteriores ao final do século XV. Elas mostram que "brincar de rei Artur" tornou-se um autêntico fato urbano, uma verdadeira frenesia arturiana que se desenvolveu em certas regiões, tais como os Países Baixos e a Itália, até a metade do século XVI. Voltando à França, o ganhador dessa antropologia antroponímica arturiana é Tristão, com 120 exemplos, seguido de Lancelot, com 79 menções. Mas Artur chega perto com 72 referências, ultrapassando amplamente Galvão (46 exemplos) e Percival (44).

Como veremos frequentemente neste livro, o prestígio dos heróis da Idade Média, por vezes mais ou menos adormecido no século XIV, desperta no XV, século que, como Johan Huizinga mostra de modo sublime em *O outono da Idade Média*, foi alvo das mais vivas divagações cavaleirescas. Foi Malory, um poeta inglês, que desenterrou Artur em seu grande poema *A morte de Artur*, de 1485. E o século XVI manteve tão bem a memória encantada deste herói medieval que um outro poeta, Spencer, trouxe novamente Artur em *A rainha das fadas* (1590). Sustentado pelo nacionalismo britânico, Artur atravessa bastante bem o imaginário do século XVII. Ele deve esse fato especialmente ao grande músico Purcell, que compõe a ópera *Rei Artur* com libreto do grande poeta John Dryden, o qual, inicialmente apoiado pelo Rei Carlos II, só pôde apresentar sua obra em 1691.

Finalmente, Artur beneficiou-se do grande ressurgimento do imaginário medieval com o Romantismo. Ele teve a sorte de se tornar o herói de um dos maiores poetas românticos ingleses, Tennyson, que publicou a sua *Morte de Artur* em 1842 e redigiu até o final da sua vida *Os idílios do rei*, cuja totalidade foi publicada em 1885. Por volta da mesma época, Artur ganhou nova vida nas obras dos pintores pré-rafaélicos, sobretudo na de Dante Gabriel Rossetti (1828-1882) e de Edward Burne-Jones (1833-1898). Na música, Chausson, sob a influência de Wagner – do qual veremos o papel decisivo no renascimento dos heróis e maravilhas do imaginário medieval (sobretudo germânico) –, compôs de 1886 a 1895 a sua única ópera, *O Rei Artur*.

O cinema insufla, enfim, uma nova energia ao prestígio do herói medieval Artur e aos seus principais companheiros heroicos. Jean Cocteau começou introduzindo a lenda arturiana no teatro com *Os cavaleiros da Távola Redonda* (1937). Após a guerra, obras-primas e filmes mais ou menos falsificados pelas visões deformadas quanto à Idade Média difundidas no meio da produção cinematográfica deram origem a obras espetaculares como os hollywoodianos *Os cavaleiros da Távola Redonda*, de Richard Thorpe, em 1953, e *Camelot*, comédia musical de Joshua Logan em 1967. As grandes obras são *Lancelot do Lago*, de Robert Bresson (1974), *Perceval le Gallois*, de Eric Rohmer (1978), e *Excalibur*, de John Boorman (1981). Em seu célebre filme *Indiana Jones e a última cruzada* (1989), Steven Spielberg envia Harrison Ford à procura do Graal. A paródia, outro sinal de popularidade, também faz rir de Artur tanto no famoso *Monty Python em busca do cálice sagrado* (1975) quanto em *Um ianque na corte do Rei Artur*, de Tay Garnett (1949), com Bing Crosby. Por fim, será que uma nova encarnação do herói Artur vai tomar emprestado o rosto de George W. Bush? O produtor hollywoodiano ultraconservador Jerry Bruckheimer acaba de conceder um gordo orçamento ao filme arrasa-quarteirão de Antoine Fuqua, *Rei Arthur* (2004), onde ele apresenta Artur, Guenièvre e os cavaleiros da Távola Redonda como os heróis de uma Inglaterra decidida a combater os saxões após o fim da ocupação romana, a fim de permitir ao país continuar no caminho do progresso. Ele afirma: "Existem ecos entre Artur e a situação no Afeganistão e no Iraque quando lembramos que Roma ocupava a Grã-Bretanha e que esta se libertou dos romanos para concluir a sua missão civilizadora e lutar contra a barbárie". Artur ainda nos reserva surpresas.

2
A catedral

Os monumentos "maravilhosos" da Idade Média que deixaram uma imagem mítica no imaginário europeu são essencialmente a catedral e o castelo medieval.

A catedral refere-se à primeira das ordens da sociedade indo-europeia medieval, os padres; o castelo medieval, à segunda dessas ordens, os guerreiros. Poder-se-ia acrescentar um edifício, ou melhor, um conjunto de edifícios que representa a função produtiva da terceira ordem: a cidade. Porém, embora a cidade medieval seja bastante original com relação à cidade da Antiguidade e à cidade industrial e pós-industrial, ela não parece ter uma identidade específica suficiente para figurar dentre as maravilhas apresentadas neste livro. Entretanto, não se pode esquecer que, aos olhos da grande maioria dos homens e mulheres da Idade Média, a cidade é maravilhosa e bela.

O termo "catedral" aparece na Idade Média primeiro em forma de epíteto: falava-se "a igreja catedral". Ele só se torna substantivo no século XVII, mas, sob essa forma substantiva, consegue um sucesso extraordinário tanto no domínio do vocabulário quanto no mundo da ideologia. Catedral vem do latim *cathedra*, ou seja, cátedra, uma espécie de trono reservado ao bispo – esse trono episcopal é, aliás, um dos elementos essenciais do interior da catedral.

Portanto, a catedral é essencialmente a igreja do bispo – o que também assegurou o seu sucesso. É notável que as igrejas catedrais tenham sido designadas nas línguas europeias por palavras derivadas não somente de uma, mas de duas palavras latinas. Na Inglaterra, na Espanha e na França, a palavra foi *catedral*, que provém da cátedra episcopal. Na Alemanha e na Itália, a catedral foi designada por uma palavra que significa "casa", *domus*, que deu *Dom* em alemão e *duomo* em italiano. Melhor ainda que a catedral episcopal, esta catedral é a casa mais de Deus do que do bispo.

O que garante à catedral o seu prestígio excepcional são as suas dimensões. Tanto por ser a igreja mais importante de cada diocese quanto por ser a cabeça de todas as igrejas, tanto também por suas necessidades relativas à acolhida dos fiéis quanto por precisar impor visualmente o seu prestígio, a catedral é impressionante por suas dimensões. A força da sua imagem se exprime pela robustez exterior e grandiosidade interior. A esse respeito, a catedral constitui a melhor expressão arquitetural da íntima união do interior e do exterior que se encontra no âmago da espiritualidade e sensibilidade da Idade Média. A imagem impressionante da catedral foi confirmada mais uma vez no século XX com a prática da fotografia aérea. Vista de perto, de longe, do exterior, do interior ou do céu, a catedral é ainda hoje um edifício que foge às normas. Os arranha-céus, os únicos edifícios a rivalizarem com as catedrais em função de suas dimensões, em especial a altura, não transmitem, apesar da simbólica com a qual podem ter sido investidos, a espiritualidade das catedrais, que é sempre visível, mesmo para os não crentes ou membros de uma comunidade religiosa e cultural diferente da cristã.

A catedral é um edifício que se encaixa na longa duração histórica. Surgida no século IV, ela vive ainda hoje uma vida dupla, a de sua função como igreja, teatro de um culto que se mantém, e a de sua vida mítica no imaginário. A catedral parece eterna, e no entanto poucas construções foram tão submetidas às mudanças da evolução histórica quanto ela. A catedral nasce, portanto, no século IV com o reconhecimento do cristianismo como religião aceita e mais tarde oficial do Império Romano e a promoção do bispo entre as grandes personagens de poder e prestígio.

A catedral da Alta Idade Média, até meados do ano 1000, não era apenas a grande igreja que ganhara este nome, mas sim uma cidade dentro da cidade, um conjunto de edifícios que foi chamado de "grupo episcopal" ou "grupo catedral". Esse grupo geralmente incluía duas igrejas, um batistério, um palácio episcopal, uma casa do clero, um *hôtel-Dieu*[1] e uma escola. Mais tarde, a segunda igreja desapareceu, o batistério foi integrado à igreja sob a forma mais modesta de pias batismais, a casa do clero tornou-se o recinto dos cônegos, os *hôtels-Dieu* adquiriram sua independência e sofreram a concorrência dos hospitais, que se multiplicaram a partir dos séculos XII-XIII, e as escolas separaram-se da catedral. O período carolíngio foi marcado pela irrupção dos cônegos no espaço da catedral – no exterior pelo recinto dos cônegos e no interior pela construção de um coro com bancos que lhes eram reservados –, e, de modo geral, instaurou-se uma ruptura entre a presença dos fiéis e a do clero. O coro foi retirado do campo visual dos fiéis, o padre, em vez de rezar a missa de frente para eles, passou a lhes dar as costas, e a catedral encontrava dificuldades

---

1. Os *hôtels-Dieu* eram instituições que acolhiam qualquer pessoa que necessitasse de cuidados, desde doentes, mendigos e pessoas idosas até viajantes e peregrinos. Pouco a pouco perderam esse *status* ambivalente e tornaram-se sinônimo de hospitais [N.T.].

em desempenhar um papel de unificadora cultual e litúrgica entre o bispo, os cônegos, o clero e a multidão dos fiéis.

A evolução das igrejas, e em especial das catedrais, também se deve às condições gerais da evolução histórica. Pode-se distinguir duas grandes correntes dessa evolução. Uma delas está relacionada ao aumento demográfico. A população do Ocidente dobrou provavelmente entre o ano 1000 e o século XIII. Além disso, o espaço aberto aos fiéis na catedral tornou-se também um espaço coletivo mais ou menos profano, um lugar de encontro e de sociabilização que transformou as catedrais em espécies de fóruns interiores em uma época em que a urbanização, à qual as catedrais estão intimamente ligadas, floresceu de forma intensa. Porém, na minha opinião, foi a segunda corrente histórica que mais modificou as dimensões e o aspecto das catedrais; pode-se chamá-la de moda arquitetural. Diante dos defensores da funcionalidade como principal motor da evolução histórica, convém apontar a importância, bastante sensível a partir dos séculos XI-XII, da moda. A passagem do estilo romano ao gótico, em especial, fez-se sob o impulso de uma mudança de gosto. Ora, o gótico abria às catedrais a possibilidade de incorporar melhor as características originais que foram suas desde o século IV.

Triunfo da altura, triunfo também da luz, valorizando os grandes espaços internos, e expansão das torres e campanários, evidenciando o primado do plano superior sobre o inferior, visto que o ímpeto da elevação caracterizava a espiritualidade medieval – o gótico trouxe tudo isso às catedrais. No lugar de uma suposta continuidade entre o romano e o gótico, Roland Recht aponta o caráter de ruptura absolutamente novo da arquitetura gótica: "Ela representa a primeira ruptura radical com a Antiguidade romana e a época paleocristã, ao contrário da arquitetura romana, que mantinha essa tradição. Essa ruptura ergue-se sobre inovações técnicas – a invenção do cruzamento de ogivas para sustentar a abóbada e dos arcobotantes e a elaboração dos chassis de pedra e da parede fina – que pouco a pouco permitiram construções cada vez mais altas, leves e luminosas. E não para por aí. A arquitetura gótica também favoreceu um enriquecimento crescente da modinatura, satisfazendo a uma racionalidade cada vez mais afirmada que concordava cada suporte com uma função determinada. Esse enriquecimento conferiu à construção uma tal plasticidade que a sombra e a luz passaram a entreter nela um diálogo de grande intensidade dramática, o que conduz à acentuação dos efeitos visuais. Acentuação esta que acompanha uma preocupação cada vez mais evidente na Igreja de privilegiar a Encarnação"[2].

O encontro do gótico e da catedral deu-se também sob a influência de fenômenos históricos cujo impacto dura até hoje. O primeiro foi a revalorização da função episcopal com a Reforma gregoriana, que, na segunda metade do século XII, afasta a Igreja da influência do feudalismo laico. O segundo é a ampliação do papel do rei na construção das catedrais. Construir uma catedral dependia de uma autorização real. Os reis exerceram essa prerrogativa de forma mais rígida em função da atenção que desde o final do século XII eles dedicavam à construção do chamado Estado Moderno. Assim, as catedrais associaram-se aos Estados e às nações em gestação. Antes monumento de uma cidade, a catedral tornou-se monumento de um Estado. O gótico também reforçou o aspecto racional da estrutura das catedrais. O grande historiador da arte americano Erwin Panofsky enfatiza o paralelismo entre o gótico das catedrais e o pensamento escolástico. As catedrais permanecem ainda hoje expressões supremas de uma das característi-

---

2. Cf. a aula inaugural do Collège de France.

cas da mentalidade europeia, a combinação da fé e da razão. É preciso acrescentar que esse período também acolheu um grande enriquecimento da cristandade, sobretudo devido aos progressos da agricultura e à comercialização dos excedentes agrícolas. Ao fazer o elogio de Chartres, Péguy tem razão ao dizer sobre a catedral: "É o maço de trigo que nunca expirará". E o historiador da arte americano Henry Kraus, destruindo a fantasia em torno dos dons em materiais e trabalho dos fiéis da Idade Média que teriam permitido sem dinheiro a elevação das catedrais, mostra que, para tomar a sua expressão, "*gold was the mortar*" (o ouro foi a argamassa).

O gótico também permitiu às catedrais apresentarem de forma melhor elementos arquiteturais de alto significado. Um exemplo é o pórtico, em especial o da fachada ocidental. Sendo a porta dianteira, o pórtico das catedrais, cuja primeira grande encarnação foi o Pórtico da Glória da Catedral de Santiago de Compostela, reforçou a função salvadora das catedrais ao evocar a declaração evangélica de Cristo, *Ego sum janua* ("Eu sou a porta"), a qual significa que a entrada no céu passa pela devoção à sua pessoa. Dessa forma, o caráter escatológico[3] da catedral era enfatizado. Esse caráter encontrava-se também em um elemento que, salvo a Catedral de Chartres, infelizmente desapareceu por causa da ignorância do clero pós-medieval: o labirinto. Além disso, os pórticos permitiram tirar plenamente as esculturas do interior da catedral. Essa exteriorização da escultura para o pórtico das catedrais possibilitou expor à admiração dos fiéis e à edificação tanto a imagem dos reis de Judá e de Israel – facilmente assimilados, em Notre-Dame de Paris, à imagem

---

3. No sentido da escatologia como "doutrina sobre a consumação do tempo e da história", "tratado sobre os fins últimos do homem", de acordo com o *Dicionário Aurélio* [N.T.].

dos reis da França, cujas cabeças decapitadas durante a Revolução Francesa foram reencontradas em 1977 em um edifício parisiense – quanto a imagem da história tal como o cristianismo a propunha, com o Julgamento Final, o fim do tempo histórico.

Como este aspecto é um dos mais debatidos desde um passado ainda recente, também é necessário evocar logo agora o problema das cores nas catedrais. O título de um excelente ensaio de Alain Erlande-Brandenburg, *Quand les cathédrales étaient peintes*, aponta o anacronismo tanto do aspecto exterior quanto do interior das catedrais hoje. Porém, os árduos defensores da volta das cores não devem esquecer que, enquanto eles elaboram "sons e luzes" muitas vezes contestáveis, às cores das esculturas e tapeçarias as catedrais uniam a força da luz branca divina para a qual elas abriam-se largamente.

O grande momento das catedrais góticas foi o período definido por Georges Duby em seu maior livro, *O tempo das catedrais*, do qual ele tirou um lindo filme para a televisão, ou seja, o período entre 1130 e 1280, durante o qual, segundo os seus próprios termos, "os horizontes da civilização europeia modificaram-se profundamente". Esse período, portanto, foi marcado por uma extraordinária emulação acerca da edificação de catedrais cada vez maiores e mais altas. É o que Jean Gimpel chama de "o espírito de *record* do mundo". As catedrais mostraram na Idade Média o exemplo do que no século XX foi "o espírito de *record* do mundo" no que dizia respeito à construção dos arranha-céus. A maior catedral foi a de Amiens, com uma superfície de 7.700m^2, construída de 1220 a 1269. Notre-Dame de Paris, erguida a partir de 1163, tem uma altura de abóbadas de 35 metros, Notre-Dame de Chartres, edificada a partir de 1195, de 36,5 metros. Notre-Dame de Reims atingiu 38 metros em 1212; Notre-Dame de Amiens, 42 metros em 1221. Esses excessos levaram a catástrofes. As abóbadas da Catedral de Troyes desmoronaram em 1228. A torre da Catedral de Sens cedeu em 1267, e, catástrofe que se tornou simbólica, o coro da Catedral de Beauvais, erguida à altura campeã de 48 metros, ruiu em 1284.

Durante esse período, o movimento de edificação de catedrais góticas foi particularmente intenso na França, ou mais precisamente na região de Île-de-France, tanto que essa arte por vezes foi chamada de "arte francesa". De fato, algumas grandes catedrais francesas serviram de modelo para catedrais da França do Sul ou de outras regiões europeias. Após o incêndio de 1174, a Catedral de Cantorbery inspirou-se na de Sens; a partir de 1220, a Catedral de Burgos imitou a de Bourges, com cinco naves; e a Catedral de Colônia tomou como modelo, após 1248, a de Amiens e a de Beauvais. Em Narbona, o Papa Clemente IV, antigo arcebispo da cidade, exprimiu publicamente em 1268 o desejo de que a futura catedral "imitasse" as catedrais setentrionais do reino da França. O essencial, porém, é que as catedrais em breve cobririam a Europa inteira. Enquanto na Escandinávia, construída no século XII, ainda é a catedral romana da Suécia, na Dinamarca a Catedral de Roskilde, passando do romano ao gótico, torna-se uma espécie de catedral nacional, assim como a de Praga no século XIV, época do Imperador Carlos IV, com um construtor francês, e Gniezno, a catedral nacional polonesa, reconstruída no século XIV em estilo gótico. Na Espanha do Sul, os cristãos espanhóis anexam à Catedral de Sevilha a admirável torre muçulmana da Giralda.

A crise do século XIV, que esgotou muitas fontes de financiamento das catedrais, deixa catedrais inacabadas no território da Europa que encarnam a não realização de grandes sonhos e são as ruínas da nostalgia.

É o caso da catedral de Narbona, da de Siena e da de Milão. Quando na metade do século XIV os milaneses pensaram em terminar a construção desta última, ela foi objeto de um grande debate na qual se opunham como técnicos da construção das catedrais os pedreiros lombardos e os construtores franceses, o *savoir-faire* e a ciência matemática. Tradição artesanal contra saber universitário. Milão permanece inacabada até o século XIX, mas o debate continua sendo exemplar dos problemas levantados pelos monumentos sem igual que são as catedrais[4].

Antes de acompanhar a evolução das catedrais após o século XV, convém apontar que o termo "catedral" tornou-se hoje um nome comum para designar uma construção de grandeza e alcance excepcional. Assim, o termo foi aplicado, sobretudo, a certas construções do pensamento e da arte literária medieval. Erwin Panofsky vê na *Suma Teológica* de Tomás de Aquino uma catedral escolástica, e Georges Duby considera *A divina comédia* de Dante "como uma catedral, a última".

Embora no século XVI não haja novas construções de catedrais e as antigas sejam afetadas pelo vandalismo protestante, o modelo gótico da catedral sobrevive. A Catedral de Orléans, por exemplo, que fora destruída pelos protestantes em 1588, foi reconstruída em estilo gótico. Além disso, o Concílio de Trento iniciou um movimento que tendia a restaurar a presença dos laicos no conjunto da catedral e abolir as reorganizações e construções exteriores que repeliram os fiéis para o fundo da nave. A catedral da Contrarreforma tende a exprimir espacial e estruturalmente a grande característica social e simbólica do monumento, o fato de ser um local de devoção e emoção para todos, des-

---

4. ACKERMAN, J.S. "Ars sine scientia nihil est. Gothic Theory of Architecture at the Cathedral of Milan". *Art Bulletin*, 31, 1949.

de o bispo até o último dos fiéis. Assim, até o início do século XIX, as tribunas de separação foram destruídas, com exceção das das cidades de Auch e de Albi. O século XVIII, como já dito aqui, foi um período de tormentos para as catedrais, por causa da indiferença dos bispos e cônegos "racionalistas" face ao imaginário desses monumentos. Um revestimento branco mascarou as cores, os vitrais multicoloridos foram substituídos por placas de vidro opaco, o labirinto foi destruído. Porém, a Revolução Francesa foi o período mais duro para as catedrais, que foram alvo dos revolucionários por causa de suas ligações com a realeza, de suas riquezas acumuladas em relíquias e da aniquilação do laço entre a fé e a razão. A catedral podia se tornar um templo da Razão, como aconteceu por exemplo em Paris, ou da Natureza, como em Estrasburgo. No entanto, com raríssimas exceções, não houve nenhuma catedral destruída.

A Revolução Francesa retomou o princípio aplicado por Constantino no século IV para fazer coincidirem circunscrições administrativas e divisões eclesiásticas. As dioceses foram alinhadas com os novos departamentos. O número das catedrais foi reduzido a 83. Napoleão limitou as dioceses a 52, podendo assim controlar melhor os bispos, que ele queria transformar em altos funcionários a seu serviço – ele não dizia "meus generais, meus prefeitos, meus bispos"?

A Restauração restabeleceu os 83 bispados. A partir do fim da Revolução Francesa, a catedral foi impulsionada por uma nova explosão simbólica. Ela tornou-se um dos grandes mitos românticos, e Chateaubriand foi seu chantre, ressuscitando na estrutura das catedrais em especial a madeira primitiva (em detrimento da pedra), que confere à catedral a origem sagrada das florestas da Gália. A metáfora romântica da catedral como floresta persiste a partir de então. Baudelaire exclama-se: "Bosques, encheis de susto como as catedrais"[5].

O grande momento da ressurreição das catedrais está ligado ao romance de Victor Hugo *Notre-Dame de Paris*. O final do século XIX vê, principalmente na França, o mito da catedral florescer na esteira do Romantismo. Verlaine alça voo:

> Guiado pela fúria una da cruz
> Em tuas asas de pedra, ó louca catedral[6].

Em seu livro *A catedral* (1898), Huysmans edifica uma catedral simbolista inspirado em Ruskin. Após Constable e Friedrich, que pintaram catedrais românticas, Monet representa suas catedrais impressionistas – Notre-Dame de Rouen sob as milhares de luzes e cores de um dia inteiro –, e na música Debussy compõe *A catedral submersa*.

No entanto, o século XIX viu duas outras correntes importantes completarem o prestígio das catedrais. Na Alemanha, o Romantismo instaura laços cada vez mais estreitos entre a tradição germânica, o poder político e a arte gótica das catedrais. A grande expressão disto é a conclusão da Catedral de Colônia, realizada de 1824 até 1880, data de sua inauguração solene pelo Imperador Guilherme II. O outro movimento essencial encontra-se no seio da nova paixão pela história e do esforço de ressurreição integral do passado ou, como diz Michelet, o trabalho de restauração "científica" das catedrais. A encarnação deste estado de espírito e desta prática consiste na renovação de Notre-Dame de Paris. Esta última foi preparada por um arquiteto

---

5. BAUDELAIRE, C. *As flores do mal*. São Paulo: Círculo do Livro, 1995 [Trad. de Jamil Almansur Haddad – N.T.].

6. No original: *Guidé par la folie unique de la croix / Sur tes ailes de pierre, ô folle cathédrale*.

precursor, Vilet, que, em sua *Monographie de l'Église Notre-Dame de Noyon* (1847), insiste, a propósito das catedrais góticas, sobre as "relações que atam a origem e os progressos da nova arquitetura à revolução social do século XII". O grande restaurador de Notre-Dame de Paris, Viollet-le-Duc, reitera essa concepção ao escrever em 1856, em seu *Dictionnaire Raisonné de l'Architecture Française*: "No final do século XII, a construção de uma catedral constituía uma necessidade, porque se tratava de um protesto estardalhaçante contra o feudalismo". E ainda: "As catedrais dos séculos XII e XIII são, na minha opinião, o símbolo da nacionalidade francesa e a tentativa mais poderosa de unidade".

A catedral representa um grande monumento para o século XIX, apaixonado pela história, ardente de nacionalismo e de espírito democrático. Os conflitos acerca da laicidade, no final do século XIX e no começo do XX, encontram-se também na atitude dos grandes escritores e artistas daquela época diante das catedrais. Enquanto o grande escultor Rodin, em seu livro *Grandes catedrais* (1914), declara: "a catedral é a síntese do país, toda a nossa França está nas catedrais" e as considera, portanto, eternas, Marcel Proust, "em busca do tempo perdido", presencia a perda também das catedrais. Donde o seu artigo desesperado para *Le Figaro* de 1° de agosto de 1904, "La mort des cathédrales" ("A morte das catedrais").

O século XX, longe de vê-las apagarem-se, já foi definido como um período não de decadência, mas sim de ressurreição das catedrais. Estabeleceu-se um equilíbrio entre a catedral como lugar de culto dos fiéis e de emoção dos turistas visitantes. Um grande sucesso teatral prova essa permanência da catedral como lugar mítico, excepcional. O arcebispo de Cantorbery, Thomas Becket, fora assassinado em 1170 em sua catedral a mando do rei da Inglaterra Henrique II. Em 1935, o grande poeta inglês de origem americana T.S. Eliot transformou esse episódio no tema de seu *Murder in the Cathedral* (*Assassinato na catedral*), que alcançou um grande sucesso teatral em todo o Ocidente.

O Concílio Vaticano II deu uma definição equilibrada da catedral. Por fim, a catedral enriqueceu-se ainda mais com novos prestígios e significados. Ela tornou-se, de acordo com a expressão de Pierre Nora aplicada por André Vauchez a esse contexto, um "lugar de memória", e, na perspectiva do paralelo entre o crer e o ver segundo Roland Recht, um "sistema visual". A catedral continua sendo um lugar encantado e encantador.

Duas imagens de Carlos Magno na mitologia nacional
do século XV.

No alto: Carlos Magno, representado como rei da França
(manto anacrônico com flores-de-lis, cetro e coroa), envia mensageiros
a todo o império. Trata-se dos famosos missi dominici, enviados
do senhor, instrumentos do esforço de unificação do império
por um poder central.

Embaixo: Carlos Magno é coroado pelo Papa
Leão III em São Pedro de Roma, em 800. De
modo voluntário ou imposto, vê-se a ambição do retorno à grandeza
da Antiguidade. Miniatura de um manuscrito das Grandes Chroniques
de France, 1450, Châteauroux, bibliothèque municipale.

3
Carlos Magno

> Carlos Magno é uma personagem histórica, grande testemunha da história e do imaginário medievais, que se tornou cada vez mais mítica ainda quando estava viva.

As características da personagem (742-814) e do reino (771-814) que contribuíram para a evolução da imagem de Carlos Magno na de um herói mítico são a sua ascensão ao poder, suas guerras e conquistas, sua recepção da coroa imperial, a importância das instituições e textos criados para todo o seu império e o brilho de medidas culturais que ficaram gravadas na história com a etiqueta de "renascimento carolíngio".

Carlos é antes de tudo o herdeiro de uma nova dinastia franca e, pela primeira vez entre os francos, recebe, com o seu pai, Pepino, o Moço, e o seu irmão mais velho, Carloman (morto prematuramente em 771), a unção do sacramento por duas vezes, a segunda vez ocorrendo em 754 e sendo realizada pelo Papa Estêvão II.

Carlos Magno também é antes de tudo um guerreiro, o que caracteriza a maioria dos heróis da Idade Média; ele surpreende as populações de sua época pelo número e importância de suas campanhas militares, vitórias e conquistas. Seus principais inimigos são os povos germânicos designados como saxões, a respeito dos quais demonstra grande ferocidade, principalmente através da execução de muitos prisioneiros, o que chocou inclusive os seus contemporâneos mais admirativos. Ainda em direção ao leste, ele venceu os bávaros, os ávaros e, na Itália, os lombardos, o que o levou a desempenhar o papel de protetor do papado. Às margens deste grande reino, ele estabeleceu regiões tampões, fronteiras não lineares chamadas *Mark* em língua germânica e *marches* em língua franca ("marcas", em português). As principais dessas marcas foram estabelecidas face aos escandinavos, eslavos, bretões e aos povos do norte da Espanha. Pela primeira vez desde o final do século V no Ocidente, Carlos Magno recebeu a coroa imperial em Roma das mãos do Papa Leão III no Natal do ano 800, na Basílica de São Pedro, e não na igreja catedral dos papas bispos de Roma, a de São João do Latrão. Assim, instituiu-se uma situação que deturpou a imagem de Carlos Magno durante toda a Idade Média. Assim como Artur, Carlos Magno é fundamentalmente um rei, o rei dos francos, mas o fato de essa titulação imperial ser acompanhada pelo rito especial do coroamento em Roma fez dele uma personagem de exceção, tentado a afirmar sua superioridade com relação aos outros reis cristãos através do prestígio do retorno à Antiguidade e ao Império Romano. Essa ambiguidade entre o *status* real e o imperial foi a sua força e a sua fraqueza ao mesmo tempo. Embora ela tenha permitido a Carlos Magno e, em menor grau, aos outros imperadores da Idade Média afirmarem-se acima dos reis, ela os afasta deste *status* real, que era a forma mais específica e elevada do poder político na Idade Média. A manobra entre a função real e a imperial também foi uma das principais razões do caráter efêmero da construção carolíngia. A evolução da Europa orientava-se para a constituição de nações, e não para o funcionamento de um império. Sob a égide de Carlos Magno, os imperadores tiveram de criar uma entidade política bastarda, o Sacro Império Romano-Germânico, que afirmava ao mesmo tempo a importância do caráter germânico e o prestígio do coroamento romano.

Porém, até pouco tempo atrás, o Mito de Carlos Magno exerceu-se sobretudo no interior das nações herdeiras do seu império. O Carlos Magno dos contemporâneos começou a tomar uma forma mítica em três domínios: no do espaço, tendo em vista a extraordinária extensão do seu império; no das instituições, em especial pela instauração de leis válidas em todo o império, as capitulares, e pela criação de representantes itinerantes do soberano, os *missi dominici*; e no da cultura, um elemento secundário, pelo estabelecimento de escolas para os futuros monges e filhos da aristocracia, que deveriam adquirir, bem mais tarde, uma importância propriamente mítica. Carlos Magno só recebe após a sua morte, mas bem rapidamente ao longo do século IX, o adjetivo *grande* – *magnus* – que, unindo-se ao seu nome, transforma-o definitivamente em Carlos Magno. É nesta etapa intermediária da história e do mito que se situa a *Vida de Carlos Magno*, redigida por volta de 840 por um aristocrata franco que o conheceu bem, sobretudo nos seus últimos anos: Eginhardo. Este tende a transmitir uma imagem realista de sua personagem, mas é levado a manipulá-la primeiro em função da obra literária que estava imitando, *A vida dos doze Césares*, do romano Suetônio, e depois por causa do patriotismo franco que compartilhava. Fiel ao seu modelo da Antiguidade, Eginhardo traça um retrato físico de Carlos Magno, que se imprimirá em sua imagem mítica. Carlos Magno é e será cada vez mais impressionante, antes de tudo pelo seu físico. O imperador tinha bela aparência, quase dois metros de altura, "o alto da cabeça redondo, olhos grandes e brilhantes, o nariz ultrapassando um pouco o tamanho médio, belos cabelos brancos, a expressão animada e alegre". Porém, de acordo com Eginhardo, ele possui um pescoço gordo e curto demais, uma barriga grande demais e uma voz fraca demais. Deste retrato permanece apenas a impressão de colosso, que as exumações de seu cadáver confirmaram mais tarde.

A *Vida* de Eginhardo permite compreender que desde o início, segundo a excelente análise de Claudio Leonardi, embora a identidade de Carlos fosse germânica e ele buscasse apropriar-se da tradição romana, no fundo "este rei é franco da cabeça aos pés", para tomar emprestada a fórmula de Vinay. Assim como os heróis, em especial os da Idade Média, Carlos Magno está intimamente ligado, de um lado, a certos lugares e, de outro, ao seu túmulo, já que o culto dos principais heróis da Idade Média, dos santos e dos reis desenvolve-se em geral em torno e a partir de suas sepulturas. Com relação aos lugares de Carlos Magno, o primeiro, desde o coroamento de 800, é Roma. Mais tarde vem Aquisgrana, cidade escolhida quando este rei viajante busca instalar-se em uma possível capital após várias estadias na Saxônia conquistada, em especial em Paderborn. Aquisgrana era o grande terreno de Carlos Magno quando este ainda estava vivo – terreno este destinado a impor a sua imagem e servir ao seu mito após a sua morte. Uma vasta sala de cerimônia e uma grande capela octogonal estão situadas nos dois extremos de duas longas galerias que inserem o palácio real e imperial em sua dupla função: familiar e governamental. Aquisgrana é a única capital de um herói medieval, e, no entanto, ela arruína-se rapidamente, deixando de ser a principal sede imperial e servindo apenas ao coroamento de novos imperadores enquanto reis da Germânia, posição que desaparece no início do século XVI. Após os coroamentos de Carlos V em 1520 e de Fernando I em 1530, Frankfurt substitui Aquisgrana nessa função. Veremos mais para a frente o recente renascimento de Aquisgrana. Os avatares do túmulo de Carlos Magno são relatados no belo livro de Olaf B. Rader *Grab und Herrschaft* (*Tumba e poder*, 2003). A fascinação pelo corpo de Carlos Magno foi tamanha e parece ter aumentado de tal forma o poder do exumador que a tumba foi aberta talvez no ano 1000, sem dúvida em 1165 e em diversas ocasiões no século XX, sendo a última em 1998. A exumação do ano 1000, feita sob as ordens do Imperador Oto III, preocupado em manifestar solenemente o apadrinhamento da dinastia otoniana por parte de Carlos Magno, certamente não aconteceu tal como é narrada pelo cronista de Novalese por volta de 1030:

> Nós entramos e postamo-nos diante de Carlos. Ele não estava deitado, como é de costume com o corpo dos outros mortos, mas sim sentado em uma cátedra, como se estivesse vivo. Sua cabeça estava coroada com uma coroa de ouro. Suas mãos seguravam o seu cetro e estavam vestidas com luvas, as quais se encontravam furadas pelas unhas, que cresceram. Acima dele situava-se um baldaquino de pedra e mármore, do qual tivemos de quebrar uma parte para podermos passar.
>
> Quando entramos, o cheiro era muito forte. Ajoelhamo-nos e adoramo-lo. De imediato, o Imperador Oto vestiu-o com roupas brancas, cortou suas unhas e arrumou o que estava em desordem ao redor dele. A decomposição não afetara os membros, embora estivesse faltando um pedaço do nariz, o qual o imperador prontamente mandou cobrirem com uma folha de ouro. Ele pegou um dente na boca, mandou recolocarem no lugar o baldaquino, e foi-se.

É possível que essa abertura do túmulo tenha acontecido, o que corresponde bastante bem aos gostos míticos de Oto III e à sensibilidade do ano 1000, mas o cadáver de Carlos Magno certamente não se encontrava sentado dentro de sua tumba[1]. Este rito não poderia ter sido aceito pela Igreja, e essa ficção não faz outra coisa senão valorizar a importância dos objetos reais, os *regalia*, para os heróis reais. À espada – chamada Joyeuse – unem-se a coroa e, nesse texto, o trono. Porém, mesmo que o cadáver de Carlos Magno seja evocado para reforçar o prestígio da imagem do herói, a morte e o esqueleto são antes de tudo a confirmação da própria imortalidade dos heróis. A lição da exumação de Carlos Magno é que o esqueleto prova que um herói real deve, bem como os outros homens, esperar o sinal da ressurreição no fim dos tempos. Aliás, assim como em Artur, identificamos em Carlos Magno uma outra característica dos heróis reais: eles têm suas fraquezas; não são santos. Pouco após sua morte, surgem comentários sobre o seu pecado. Carlos Magno soube camuflar, com a ajuda da Igreja, a ruptura com várias de suas esposas, o que revela a poligamia do rei franco. A afeição intensa demais que o imperador demonstra por suas filhas tão logo abre uma brecha para a suspeita de incesto. E, como esta suspeita nasce facilmente com relação aos heróis reais, o que já vimos aqui, o pecado de Carlos Magno consiste no incesto com sua irmã, cujo fruto é Roland. Assim, o hábito medieval de rodear os heróis reais com os membros de sua família e com cavaleiros de grande mérito repete-se com Carlos Magno. Neste conjunto mítico, este último é acompanhado por seu sobrinho Roland, pelos pares e pelos cavaleiros valentes – o he-

---

1. Chateaubriand, comovido pela imagem romântica oferecida pelo cadáver imperial sentado, retomou essa descrição em *Mémoires d'outre-tombe* (edição de Maurice Levaillant, 1948, t. I, p. 316-317). Ele situa essa descoberta do cadáver sentado em seu trono em uma exumação por volta de 1450 inventada por ele.

rói cavaleiresco da Idade Média evolui entre a solidão e um ambiente estruturado: uma família, uma corte.

A exumação de 1165, decretada em Aquisgrana por Frederico Barba Ruiva, alcançou uma repercussão sobre a qual é necessário refletir por um instante. Eis a apresentação dela em um diploma do imperador de 8 de janeiro de 1166:

> [...] É por tal razão que, depositando nossa fé nos fatos gloriosos e nos méritos do tão santo imperador, encorajado pela iniciativa de nosso caro amigo Henrique, rei da Inglaterra, com o assentimento e a autoridade do senhor Pascoal, a partir dos conselhos de todos os príncipes, tanto eclesiásticos quanto seculares, organizamos, para a elevação, exaltação e canonização do santo imperador, um tribunal solene na época do Natal em Aquisgrana, onde seu corpo muito santo fora encoberto por medo dos inimigos e onde, graças a uma revelação divina, pudemos descobri-lo. Nós elevamo-lo e exaltamo-lo no dia 29 de dezembro pelo louvor e glória de Cristo, pela solidificação do Império, pela salvação de minha cara esposa, a Imperatriz Beatriz, e de nossos filhos Frederico e Henrique, em meio à grande presença de príncipes e diante de um inumerável conjunto de assistentes composto pelo clero e pelo povo, ao som de hinos e cânticos espirituais, com devoção e respeito[2].

O acontecimento que marca a história do mito de Carlos Magno nas cerimônias de Aquisgrana em 1165 é a frágil ascensão do imperador ao *status* de santo. No texto citado, Frederico Barba Ruiva evoca bem o contexto dessas decisões. A referência ao rei da Inglaterra, Henrique II, está ligada à luta deste último pela cano-

---

2. PACAUT, M. Frédéric Barberousse. 2. ed. Paris: Fayard, 1990, p. 159-160.

nização do rei anglo-saxão Eduardo, o Confessor pelo Papa Alexandre III. A menção a Pascoal II refere-se ao papa a quem normalmente deveria caber o poder de canonizar Carlos Magno. Porém, Frederico Barba Ruiva não somente quis afirmar o seu próprio poder em matéria de canonização, como também sabia que Pascoal II, eleito papa graças à sua intervenção, não gozava de prestígio suficiente para canonizar santos. Isso foi, aliás, o que ocorreu. Como Pascoal II foi considerado um antipapa, quando a Igreja começou a reservar cada vez mais oficialmente o direito de canonização ao papado, ela não manteve a santidade de Carlos Magno. Curiosamente, esta santidade conservou-se nas margens folclóricas do mito do imperador, que no final do século XIX tornou-se, como veremos, o padroeiro dos alunos – o Dia de São Carlos Magno passou a ser comemorado nas escolas, inclusive nas laicas, e principalmente na França, com um banquete sendo servido aos laureados do concurso geral no dia 28 de janeiro, que se tornou tradicionalmente, fora do calendário canônico, o Dia de São Carlos Magno.

O Mito de Carlos Magno desenvolveu-se ao longo da Idade Média inteira. As principais regiões que o acolheram e elaboraram foram a França e a Alemanha, bem como a Itália, ou seja, as três grandes áreas do império histórico carolíngio. Assiste-se, em especial, a um verdadeiro duelo entre alemães e franceses acerca do apadrinhamento de Carlos Magno à medida que se desenvolvem os sentimentos nacionais. Todavia, o mito de Carlos Magno ultrapassa este espaço central da cristandade. Sua penetração entre os eslavos manifestou-se no vocabulário, no qual o nome Carlos tornou-se o termo genérico para rei, principalmente em russo e em polonês: *kral, korol, král, krol*, enfatizando que o que ficou de Carlos Magno foi mais a figura do rei do que a do imperador. Uma curiosa extensão do mito de Carlos Magno foi a sua associação ao mundo dos cruzados. Do final do século XI até o século XIII, Carlos Magno foi um dos chefes, um dos protetores da aventura dos cruzados cristãos. Neste sentido, certamente foi grande a influência das obras literárias de sucesso, tais como a *Canção de Rolando* e *Le pèlerinage de Charlemagne à Jérusalem et à Constantinople* (A peregrinação de Carlos Magno a Jerusalém e Constantinopla). Carlos Magno foi o herói de uma cristandade mítica e chegou até a escapar do espaço propriamente cristão, indo parar na Espanha, no mundo bizantino, na Palestina muçulmana.

O mito de Carlos Magno penetrou inclusive o mundo escandinavo. Em uma época incerta entre os séculos XII e XIII, foi redigida uma saga nórdica de Carlos Magno, provavelmente induzida por Håkon IV Håkonarson, rei da Noruega de 1217 a 1263. *A saga de Carlos Magno* inclui dez partes, das quais a primeira retraça a vida do rei; a terceira anexa a história do herói Holger, o Dinamarquês; a sétima conta a viagem de Carlos Magno a Jerusalém e Constantinopla; a oitava é dedicada à Batalha de Roncesvales; e a décima e última reúne milagres e diversos sinais em torno de Carlos Magno e de sua morte.

No entanto, o aspecto físico de Carlos Magno mudara. O herói de Eginhardo, embora descrito sobretudo em seus últimos anos de vida, era glabro e vigoroso. Em uma data que não se pôde determinar, ele tornou-se "o imperador da barba frondosa". Os cabelos brancos do retrato de Eginhardo devem ter engendrado, em função da evolução da moda – sem dúvida poder-se-ia descobrir uma evolução comparável no rosto de Cristo –, o aparecimento de uma barba branca. Ela enfeita o queixo de Carlos Magno na *Canção de Rolando*, na qual é frequentemente puxada pelo imperador, triste e desmotivado. Na Alemanha, enquanto a imagem do mítico imperador chega ao apogeu com o grande retrato em majestade pintado por Dürer em 1512 para a Câmara de Relíquias de Nuremberg, que fornece ao imperador a sua imagem definitiva –, a com uma barba frondosa –, o mito de Carlos Magno, após certo esquecimento, retoma um papel importante com o Romantismo e as empreitadas políticas dos prússios no século XIX.

É sem dúvida na França que se pode, com Robert Morrissey, acompanhar melhor a evolução do mito do imperador da barba frondosa. No século XII, Carlos Magno afirma-se no *Pseudo-Turpim*, e a dinastia capetiana esforça-se por associar-se ao rei imperador mítico. Trata-se do *redditus ad stirpem Karoli*, ou seja, "retorno à linhagem de Carlos". Esse resultado é alcançado com Filipe Augusto. De um lado, o rei se casa com Isabel de Hainaut, filha de Balduíno V, conde de Flandres que reivindica o sangue carolíngio, e, de outro, Gilles de Paris, cônego de Saint-Marcel, em um longo poema escrito em 1195-1196, o *Carolinus*, oferece Carlos Magno como modelo ao jovem filho de Filipe Augusto, o futuro Luís VIII.

Do século XV ao XX, Carlos Magno passa por momentos de esquecimento, mas nunca de desaparecimento, e seu mito ressuscita com força em diversas épocas. No século XV, o poeta Villon confirma a persistência de Carlos Magno no imaginário francês. O refrão de sua *Balada dos senhores do tempo passado* é: "Carlos Magno, que a lenda ganha?"[3] Seguindo a moda, Filipe, o Bom, duque de Borgonha, lê apaixonadamente as *Chroniques et Conquestes de Charlemagne* (Crônicas e conquistas de Carlos Magno). Um momento de culto muito intenso de Carlos Magno é o reino de Carlos VIII (1483-1498), que se apresenta como um novo Carlos Magno e convoca a bênção deste último

---

3. VILLON, F. *Poesia*. São Paulo: Edusp, 2000, p. 125-127 [Trad. de Sebastião Uchôa Leite].

para as suas investidas italianas. A história humanista apresenta um Carlos Magno nuançado, ao passo que cada vez mais, até culminar no gosto revolucionário, os heróis históricos que se propõem aos franceses são heróis da Antiguidade, e mais precisamente da Antiguidade Romana. Étienne Pasquier, em suas *Recherches de la France* (1560), dessacraliza Carlos Magno. A era clássica tenta, sem convicção, evocar um Carlos Magno absolutista, que anunciaria o Rei-Sol. Voltaire considera Carlos Magno como um anti-herói e o substitui por Henrique IV na mitologia dos reis da França.

Um dos grandes momentos de ressurreição de Carlos Magno é obviamente o período napoleônico. Napoleão empenha-se pessoalmente nesse projeto, viaja para Aquisgrana e imagina o seu coroamento seguindo o modelo do de Carlos Magno, subjugando o papa, mas diminuindo ainda mais o seu papel – a cerimônia acontece não em Roma, mas em Notre-Dame de Paris, e o imperador francês coloca ele próprio em sua cabeça a coroa que Carlos Magno sem dúvida aceitara das mãos de Leão III. A efervescência romântica apropria-se de Carlos Magno, e Victor Hugo retoma em *Hernani* (1830) a simbólica da tumba na mitologia dos heróis ao fazer o futuro Carlos V ajoelhar-se diante do túmulo de Carlos Magno:

> Carlos Magno! És tu!
> Oh! porque Deus, que a nenhuma peia se expõe,
> Face a face nossas majestades dispõe,
> Do fundo desta tumba, derrama-me no peito,
> Algo de grande, sublime e perfeito!
> Oh! Faz-me ver tudo profundamente,
> Mostra-me que é pequeno o mundo que temente
> Não ouso tocar [...]
> Revela-me teu segredo para vencer e reinar,
> E diz-me que é melhor punir que perdoar!

> Pois não é? [...]
> Oh! o que ainda se pode fazer após Carlos
> Magno!⁴

A partir da segunda metade do século XIX, o mito de Carlos Magno vai perdendo força, com exceção de um domínio que adquire uma importância surpreendente: Carlos Magno deixar de ser o santo dos alunos para se tornar o seu patrono laico. Ele visita as escolas; é um inspetor atento da educação nacional; um Jules Ferry medieval. Por fim, após a Segunda Guerra Mundial, ele renasce com a reconstrução europeia. Enquanto os historiadores discutem para saber se ele fora o primeiro grande europeu ou não, Carlos Magno, que não desperta grande interesse no cinema e na televisão⁵, torna-se o símbolo da reconciliação franco-alemã e o patrono da Europa. A hábil municipalidade de Aquisgrana criou após a Segunda Guerra Mundial um Prêmio Carlos Magno, concedido tanto aos grandes nomes da reconstrução europeia, de Jean Monnet a Adenauer e Robert Schuman, quanto aos ilustres europeus vindos do lado de lá da Cortina de Ferro, tais como o tcheco Vaclav Havel e o polonês

---

4. No original: Charlemagne! c'est toi! / Oh! puisque Dieu, pour qui tout obstacle s'efface, / Prend nos deux majestés et les met face à face, / Verse-moi dans le cœur, du fond de ce tombeau, / Quelque chose de grand, de sublime et de beau! / Oh! par tous ses côté fais-moi voir toute chose, / Montre-moi que le monde est petit, car je n'ose / Y toucher [...] / Apprends-moi tes secrets de vaincre et de régner, / Et dis-moi qu'il vaut mieux punir que pardonner! / N'est-ce pas? [...] / Oh! dis-moi ce qu'on peut faire après Charlemagne!

5. Deve-se, no entanto, citar o filme de Jean-François Delassus, *Au temps de Charlemagne* (produção de Point du Jour para Arte, 2003), com Jacques Le Goff como consultor histórico, que tenta reinserir a civilização carolíngia e a personagem de Carlos Magno na história das civilizações.

Geremek, e mesmo aos grandes protetores da Europa americanos, como Bill Clinton. Carlos Magno é um belo exemplo dos entorpecimentos e despertares dos heróis históricos mitificados e da continuidade da história do imaginário.

País de marcas e de pequenas senhorias clássicas, objeto de lutas contínuas entre franceses e bretões, entre franceses e ingleses, a Bretanha também é terra de castelos medievais. Esta miniatura de Pierre Le Baud, em sua compilação das Chroniques et histoires de Bretagne, representa o cerco de Derval ocorrido em 1373 durante a Guerra de Sucessão da Bretanha (1341-1381). Ms fr. 8266, fol. 281, por volta de 1475. Paris, BNF.

4
O castelo medieval

> O castelo que se tornou personagem
> mítica da sociedade medieval e da
> civilização europeia foi o castelo
> medieval. O termo *château fort*, em
> francês, surge somente em 1835, no
> contexto da ressurreição romântica
> do imaginário medieval.

Desde a Idade Média, ele às vezes era confundido com o palácio, mas é preciso distingui-los com cuidado na história da realidade e do mito. O palácio apresenta duas características específicas que o diferenciam do castelo medieval. Primeiro, trata-se essencialmente de uma residência real, ou pelo menos principesca, ao passo que o castelo medieval pertence a um simples senhor, embora os reis possam ter construído castelos medievais enquanto senhores. Além disso, das duas funções essenciais do castelo, a militar e a residencial, é esta última que o palácio privilegia, ao passo que o castelo medieval caracteriza-se pela primeira.

O castelo medieval está estreitamente ligado ao feudalismo, e a imagem recorrente que o imaginário europeu constrói dele confirma que a época e o sistema feudal, desde o século X até a Revolução Francesa, formaram uma camada fundamental das realidades materiais, sociais e simbólicas da Europa. De modo geral, pode-se identificar uma evolução lenta, mas constante, do castelo medieval, que passa da posição de fortaleza à de residência. Como ele está intimamente associado à atividade militar, é notável que sua transformação tenha sido suscitada de forma decisiva por uma revolução técnica nos séculos XIV-XV, ou seja, a artilharia. Suas muralhas não resistem mais ao canhão, e o castelo medieval passa a ter o *status* de relíquia, símbolo, ruína e, para muitos, nostalgia. Porém, com relação ao período da longa Idade Média que nos interessa aqui, propomos uma boa definição do castelo medieval: a de fortaleza habitada.

Do século X ao XII, o castelo medieval surge primeiro sob duas formas: na Europa do Norte, com torres e habitações modestas e fortificadas erigidas sobre lugares altos naturais ou artificiais (trata-se do castelo em cima de um montículo); na Europa Meridional, este castelo precoce é erguido mais frequentemente sobre locais altos naturais e rochosos, os rochedos. Ao contrário do que às vezes se diz, os castelos sobre montículos ou rochedos não foram construídos essencialmente em madeira, mas sim em pedra desde o início – assim como a catedral, o castelo é testemunha da volta e da promoção da pedra na Idade Média. De modo geral, o castelo, bem como o claustro, não pode ser separado do seu ambiente natural. O castelo enraizou o feudalismo no solo. Ao oposto da catedral, integrada à cidade – apesar de a dominar –, que só evoca a natureza quando o imaginário romântico faz dela uma floresta, o castelo permanece associado ao campo e mais ainda à natureza, embora em certas regiões da Europa ele seja construído dentro das cidades, como na Normandia (Caen), na Flandres (Gante) e principalmente na Itália. Ele constitui a unidade do conjunto espacial de habitação estabelecido pelo feudalismo na realidade e no imaginário europeu.

O desenvolvimento dos castelos sobre montículos suscitou nos séculos XI e XII a construção de fortalezas que ficariam gravadas no imaginário europeu como uma das formas espetaculares do castelo medieval. Surgiu a torre central do castelo, chamada de *donjon* em francês (termo oriundo de *dominionem*, local senhorial), cuja etimologia indica bem o que o castelo medieval era fundamentalmente: um centro de comando. O direito de fortificação, e consequentemente de construção de um castelo medieval, era um privilégio real. Porém, uma das características do feudalismo era o desapossamento dos privilégios da realeza em benefício dos senhores. Os castelãos a quem os soberanos inicialmente concederam castelos passaram bem rápido a ser os donos destes. E a reaquisição destes castelos pelos reis e príncipes constitui um longo e significativo episódio da época feudal, posterior ao tempo do que Georges Duby chamou de "castelanias independentes", ou seja, o período que vai do início do século XI à metade do XII. Duques da Normandia, reis da Inglaterra, condes de Barcelona e reis de Aragão readquiriram bem facilmente o poder sobre os castelos de suas aristocracias, mas longa e difícil foi a luta dos primeiros reis capetianos contra os castelãos da Île-de--France nos séculos XI e XII.

O castelo estendeu-se por toda a cristandade, aparecendo primeiramente sobretudo nas zonas fronteiriças, nas zonas de conflito. Assim, em contato com o islã ibérico, contam-se a partir do século X dezenas de castelos na Catalunha, e a Castela deve-lhes o seu nome. A construção do feudalismo desenvolve nas senhorias vilarejos fortificados ou castelos que reúnem todos ou uma parte dos habitantes. Pierre Toubert, que estudou o fenômeno no Lácio, propôs o termo *incastellamento*, que se tornou um dos orgulhos do vocabulário do feudalismo medieval. Embora do século XI ao XVI os castelos medievais tenham sido construídos em todo lugar, certas regiões foram mais ativas principalmente em função de conflitos militares e instalações de feudos. Assim, o País de Gales, cobiçado pelos ingleses, cobriu-se de castelos no século XIII. Assim, a Espanha transformou-se em uma região exuberante em castelos, já que os soberanos cristãos da Reconquista prometiam ou castelos já existentes ou a futura construção de castelos aos guerreiros que os acompanhassem na conquista dessas regiões e castelos. Foi então que nasceu a expressão "castelos em Espanha" (que significa "sonhos ou projetos irreais"), inserindo o castelo ainda mais no sonho da Europa cristã.

Seja em seu tempo, seja no imaginário moderno e contemporâneo, certos castelos medievais adquiriram uma personalidade impressionante. Não contando com a espiritualidade da catedral, o castelo medieval proclama o seu poder simbólico e impõe-se como imagem inconsciente da força e do poder. O conflito que começou no século XII entre a França e a Inglaterra, um dos primeiros grandes embates entre nações cristãs, presenciou, por exemplo, a construção da fortaleza de Château-Gaillard, edificada no final do século XIII pelo rei da Inglaterra Ricardo Coração de Leão no centro do espaço francês disputado pelos ingleses. Sua posição em uma ilha do Rio Sena ilustra esse aspecto ambiental e espetacular do castelo medieval.

Por volta de 1240, o imperador da Alemanha e rei da Sicília, Frederico II, mandou construir Castel del Monte na Apúlia. Com sua arquitetura e ornamentação, Frederico II fez deste castelo de forma octogonal uma obra de arte que combina as grandes tradições arquiteturais cristãs e muçulmanas de sua época.

Reconstruído pelo Conde Enguerrand III entre 1225 e 1245, o Castelo de Coucy é habitualmente considerado como um resto exemplar do castelo medieval. Eis a descrição que um arqueólogo[1] fez dele: "É

---

1. PESEZ, J.-M. Cf. bibliografia.

realmente uma fortaleza típica daquela época e uma das mais impressionantes, com o seu desenho trapezoidal, suas torres nos quatro ângulos, sua enorme torre central sobreposta à fachada mais longa, totalmente isolado do muro cortina e até da sua muralha camisa por um fosso profundo: as dimensões fazem dele uma formidável fortaleza: muros de seis metros, torres de quarenta metros de altura, uma torre central de 55 metros de altura e 31 de diâmetro".

Embora o castelo situado em um ambiente natural fosse o modelo por excelência do castelo medieval, os castelos urbanos não deixaram de fornecer exemplos prestigiosos. Em Paris, ao lado do palácio da cidade, que é um palácio, os reis capetianos mandaram construir o que durante muito tempo foi uma residência fortificada: o Louvre. Da mesma forma, uma das portas fortificadas da muralha de proteção de Filipe Augusto tornou-se, a partir do seu uso como prisão real, o símbolo do castelo medieval tirânico: a Bastilha. A Revolução Francesa começou pela tomada e destruição de um castelo medieval.

Com os duques da Normandia e reis da Inglaterra, o castelo impõe-se tanto na sua cidade normanda de residência, Caen – onde as escavações exemplares conduzidas por Michel De Boüard na segunda metade do século XX instituíram a ciência contemporânea do castelo, a castelogia –, quanto em sua capital inglesa, onde a Torre de Londres, fundada no final do século XI por Guilherme, o Conquistador é um exemplo ilustre do castelo urbano. Na Itália, o soberano mais prestigioso, embora nem sempre o mais obedecido, o papa, usa o reemprego para transformar em castelo medieval ao mesmo tempo militar e residencial um monumento da Antiguidade: a enorme tumba do Imperador Adriano, que virou o Castelo de Santo Anjo. Quando no século XIV os papas deixam Roma para se instalarem em Avinhão, eles mandam construir lá um dos mais espetaculares castelos medievais, uma residência que, apesar do nome de Palácio dos Papas, é no fundo uma fortaleza. Enquanto em Florença as grandes famílias, a começar pelos Médicis, mandam erigir mais palácios do que castelos, em Milão os Sforza ordenam no século XV a edificação de uma residência-fortaleza que guarda a imagem e o papel de um castelo medieval, o Castello Sforzesco.

O castelo, no entanto, evolui. Pierre Bonnassie define bem esta evolução: "As primeiras torres centrais eram bastante exíguas e desconfortáveis. Na maior parte das vezes, elas compreendiam não mais que uma única sala de estar e recepção (*aula*) e um quarto (*camara*) onde dormiam juntos o castelão e toda a sua *mesnie*[2] (família e vassalos). Porém, a qualidade da vida senhorial melhora rapidamente com o enriquecimento provocado pelo crescimento econômico. Nos séculos XII e XIII, o castelão pode praticar largamente a virtude cardeal daquela época: a generosidade (ou melhor, a prodigalidade). A festa introduz-se assim na fortaleza, que se torna o lugar privilegiado para a doçura de viver: o castelo passa a ser o cenário da civilização cortesã"[3].

É então que se desenvolve o que foi chamado de "vida de castelo"; além das funções de poder e defesa, a vida de castelo passa a satisfazer "certos costumes, uma cultura, um modo de vida, a opulência e o prazer".

O século XIV presencia a generalização de pontes levadiças, a substituição dos palanques de madeira pelas

---

2. De acordo com a *Enciclopédia Universalis*, o termo *mesnie*, pouco utilizado após a Idade Média, designa as pessoas que vivem juntas, sejam elas do mesmo sangue ou não (essa noção opõe-se à de linhagem) [N.T.].

3. BONNASSIE, P. "Castelo". In: *Dicionário de história medieval*. Lisboa: Dom Quixote, 1985.

sacadas de pedra sobre parapeitos, a multiplicação das muralhas duplas e barbacãs. Nas grandes e novas fortalezas principescas, a defesa continua situada no alto das torres e dos muros cortinas, formando um vasto terraço, como se pode observar na Bastilha, em Paris, e no castelo do Rei René, em Tarascon. Embora a mobília ainda seja rara no interior, os cômodos recebem um revestimento têxtil cada vez mais rico, almofadas e peças de tecido, cortinas, tapeçarias. Repetindo as palavras de Jean-Marie Pesez, "o castelo do final da Idade Média abre-se mais para o exterior, e os cômodos são iluminados de dia por janelas reais, dotadas frequentemente de redes, porém às vezes de vidraças ou pelo menos de papel ou tela lubrificada; de um lado e de outro da janela, os *coussièges*, bancos de pedra cavados na espessura do muro, criam um espaço de sociabilidade mais íntimo do que as vastas salas". Com as sacadas e outras exuberâncias arquiteturais, o castelo medieval enriquece ainda mais a sua imagem mítica.

O castelo continua estendendo-se a todo o espaço da cristandade. Pode-se tomar como exemplo a Polônia, onde são edificados tanto a fortaleza da Ordem dos Cavaleiros Teutônicos em Marienburgo quanto os novos castelos urbanos dos reis da Polônia. No século XV, o Castelo de Wawel eleva-se ao lado da catedral situada sobre a colina que domina Cracóvia. Foi preciso esperar o ano de 1611 para que fosse construído um castelo real em Varsóvia, já que o rei da Polônia transferira para lá a capital, que antes ficava em Cracóvia. Apesar do seu caráter acentuado de residência, o castelo real de Varsóvia conserva um aspecto e uma função de fortaleza. Como os alemães destruíram-no durante a Segunda Guerra Mundial, os poloneses finalmente decidiram reconstruí-lo, o que constituía ao mesmo tempo uma tentativa do regime comunista de conciliar a população polonesa e sobretudo um símbolo do renascimento nacional polonês.

A direção da restauração foi confiada ao grande historiador polonês Aleksander Gieysztor. Assim, no final do século XX, em sua trajetória no imaginário histórico, o castelo, assim como a catedral, tornou-se um símbolo nacional.

O castelo do século XV, já há muito tempo associado à festa, torna-se um verdadeiro espaço teatral, o teatro da vida ou do mundo (*theatrum vitae* ou *theatrum mundi*). Aqui mais uma vez, no lugar do teatro, que só ressurgirá tardia e dificilmente, a catedral e o castelo exerceram o papel de espaço teatral no intervalo entre a Antiguidade e o mundo moderno. O modelo mais completo e refinado do castelo principesco no final da Idade Média é sem dúvida o de Mehun-sur-Yèvre, hoje quase que inteiramente em ruínas. Pode-se, porém, ver a sua imagem mítica nas miniaturas das *Riquíssimas horas do Duque de Berry* no início do século XV: "Sendo castelo medieval em suas partes baixas, pela inclinação das bases de suas torres, pelas falsas bragas[4], pela austeridade dos seus muros e pela largura de seus fossos, ele revela em suas partes altas todos os refinamentos do gótico final: as vidraças, as empenas eriçadas de pináculos de pequenos campanários, as convexidades, um enorme cavaleiro de pedra com seis metros de altura colocado na empena da sala de recepção, o tinelo, e esculturas por toda parte, azulejos esmaltados, com os símbolos do Duque Jean de Berry: a flor-de-lis, o urso, o cisne ferido"[5]. O Castelo de Mehun-sur-Yèvre é um castelo de contos de fada que materializa os devaneios suscitados pelo castelo medieval desde o século XI.

Abandonado por causa da não resistência à artilharia ou do desconforto e destruído por soberanos

---

4. A braga era uma construção massiva que ficava à frente de uma muralha fortificada para reforçá-la.

5. PESEZ, J.-M.

preocupados em acabar com o feudalismo, como por exemplo Luís XIII e Richelieu, o castelo entra mais ou menos em letargia nos séculos XVII e XVIII. Um estudo da imagem do castelo nos dicionários do século XVIII mostra que na época das Luzes ele representava a imagem do feudalismo retrógrado e rústico[6].

O castelo é evidentemente ressuscitado pelo Romantismo. Victor Hugo, viajando pelo Reno, comove-se diante da silhueta nostálgica dos castelos, enquanto o movimento de restauração (ao qual pertence, aliás, a reconstrução da Catedral de Colônia pelo romantismo nacionalista da mesma época) incita a reconstituição, frequentemente fantasista, dos castelos medievais que decoram o Vale Médio do Reno. Pode-se tomar como exemplo a reconstrução do Castelo de Stolzenfels. Erguido pelo Arcebispo Arnold von Isenburg (1241-1259), ele foi destruído pelas tropas de Luís XIV em 1688. Em 1802, a cidade de Koblenz entregou suas ruínas ao príncipe imperial da Prússia, o futuro Frederico Guilherme IV, que encarregou o arquiteto Karl Friedrich Schinkel de sua reconstrução, executada a partir de 1836. Trata-se de uma mistura do medievalismo romântico e do espírito burguês *biedermeier* do século XIX. O que esta reconstrução privilegia é o seu aspecto teatral; este castelo se destina, aliás, a acolher espetáculos principescos que mesclam natureza e arquitetura. A decoração interior exalta a cavalaria medieval graças a quadros históricos que mostram armas e armaduras[7].

---

6. SCHNEIDER, J.-P. Un colosse au pied d'argile: le château vu par les dictionnaires du XVIIIe siècle. In: CUCHE, F.-X. (org.). *La vie de château*. Estrasburgo: Presses Universitaires de Strasbourg, 1998, p. 33-43.

7. Cf. RECHT, R. *Le Rhin*. Paris: Gallimard, 2001, p. 264.

Outras reconstruções espetaculares de castelos serão realizadas a mando de soberanos da segunda metade do século XIX. Na França, o exemplo disso é a reedificação do Castelo de Pierrefonds feita por Viollet-le-Duc para o Imperador Napoleão III e a Imperatriz Eugênia. Este castelo, construído no início do século XV pelo Duque de Orleans e caído em ruínas, tornou-se depois de restaurado, junto com a exaltação dos cavaleiros, por exemplo, outro modelo do renascimento da sensibilidade e do simbolismo medieval. Notre-Dame de Paris, Pierrefonds... – não foi por acaso se quem comandou essas ressurreições foi o mesmo grande arquiteto. Outro exemplo ainda mais espetacular é a série de castelos delirantes de caráter "idade-mediévico" erguidos pelo rei louco Luís II da Baviera (1864-1886). Os principais deles são Neuschwanstein, Linderhof, Herrenchiemsee e Hohenschwangau. Ele foi internado em um dos seus próprios castelos, o de Berg, e afogou-se nos pântanos que o cercavam.

Assim como a catedral, o castelo tornou-se uma metáfora com o Romantismo. Assim, Gérard de Nerval, obcecado pelos castelos, canta o "castelo da alma"[8], o que sem dúvida inspirou Rimbaud:

> Ó estações, ó castelos
> Que alma há sem flagelos?

E Verlaine, preso em Mons, transforma a sua prisão em "castelo da alma":

> Castelo, castelo mágico,
> onde se fez minha alma.

Contudo, o castelo também pode ser o castelo da tirania. Victor Hugo, em *Noventa e três*, toma como

---

8. Teresa de Ávila utilizara no século XVI a mesma metáfora para evocar a vida espiritual.

modelo a fortaleza da Tourgue na Floresta de Samambaias. Aqui, a relação entre o castelo e a natureza baseia-se no medo: "Um monstro de pedra formava par com o monstro de madeira". E, para resumir este simbolismo do castelo medieval tirânico, o escritor lança:

A Tourgue era o resultado fatal do passado chamado Bastilha em Paris, Torre de Londres na Inglaterra, Spielberg na Alemanha, Escurial na Espanha, Kremlin em Moscou, Castelo de Santo Anjo em Roma. Na Tourgue estavam condensados 1.500 anos, a Idade Média, a vassalagem, a gleba, o feudalismo.

No entanto, na literatura nacional polonesa do século XIX, o castelo em ruínas vira símbolo do castelo da glória a ser reconstruída. É o caso de Mickiewicz no famoso *Pan Tadeusz* e em *Graz'ina*, conto lituano que evoca o Castelo de Nowogródek, bem como de Seweryn Goszczynski em seu romance *O rei do castelo* (1842). O Castelo de Kórnik, perto de Poznan, encarna o castelo do sonho de glória cavaleiresca com sua sala de troféus e o conjunto de sua decoração.

No século XX e ainda hoje, o castelo criado e legado pelo feudalismo permanece presente no imaginário europeu. Na Idade Média, ele fora transplantado pelos cruzados na Palestina como um elemento fundamental da cristandade. O Krak dos Cavaleiros, na Síria, continua sendo a imagem espetacular disso. É surpreendente ver que um dos representantes mais legendários da aventura no século XX, Lawrence, tenha desenhado e comentado as ruínas destes castelos em uma tese de doutorado defendida em sua juventude em Oxford antes de ir lutar com os árabes em meio a elas.

De modo geral, a imagem do castelo medieval ainda viva no imaginário ocidental lembra que naquela época a guerra era onipresente, e o herói principal, ao lado do santo designado pela graça de Deus, um guerreiro que se distinguia antes pelo prestígio de sua residência estreitamente ligada à guerra que por suas proezas.

Outro sinal da permanência do castelo medieval no imaginário europeu é a importância que esta imagem adquiriu na sensibilidade das crianças. O castelo medieval é objeto de exercícios e desenhos em sala de aula. Ele povoa os desenhos animados, filmes, programas de televisão, espetáculos de sons e luzes. Dentre as maravilhas medievais, o castelo aumentou sua influência pela conquista dos espíritos e sensibilidades infantis.

5
O cavaleiro, a cavalaria

> Pierre Bonnassie apontou de modo
> certeiro o problema do estudo da
> cavalaria medieval. Ele escreve:
> "No conceito de cavalaria, é bastante
> difícil distinguir a parte do mito e a
> da realidade".

"Foi o mito – o mito do cavaleiro que busca o absoluto e vinga os oprimidos – que, através da lenda e da literatura, terminando no cinema, sobreviveu nas mentalidades coletivas. Em outras palavras, a imagem que nós geralmente concebemos hoje do cavaleiro medieval não é outra senão uma imagem ideal: é precisamente a representação que a casta cavaleiresca pretendia dar de si mesma e que ela conseguiu, através dos trovadores, impor à opinião"[1].

Do ponto de vista do vocabulário, que sempre é esclarecedor, *chevalier* (*cavaleiro*) aparece na Idade Média apenas tardiamente. O termo inicial era *miles*, que em latim clássico designa o soldado, e, na Alta Idade Média, o guerreiro livre. "Cavaleiro" provém evidentemente de "cavalo", e o cavaleiro é antes de tudo um homem que possui pelo menos um cavalo e que com-

---

1. BONNASSIE, Pi. *Dicionário de História Medieval*. Op. cit.

bate a cavalo. Na ideologia da cavalaria, como o adjetivo *chevaleresque* (*cavaleiresco*) adquiriu uma grande importância, convém lembrar que a palavra surge com o italiano *cavalleresco* no século XIV e só é traduzida em francês no século XVII. O termo, que hoje possui um sentido bastante neutro, senão positivo, surgiu em um contexto de crítica e mesmo de zombaria. Ele nos faz pensar no Quixote. O cavalo do cavaleiro é obviamente um animal de raça especial, ao mesmo tempo vigoroso e apto às cavalgadas rápidas, à caça e ao combate, bem diferente do pesado cavalo de tração que se estava lentamente espalhando no Ocidente medieval. Trata-se do cavalo de batalha.

Tendo em vista que o cavaleiro é antes de tudo um guerreiro, o que explica em grande parte o seu prestígio em uma sociedade na qual a guerra é onipresente, apesar de suas aspirações à paz, convém comentarmos imediatamente o seu equipamento militar. As suas principais armas são a longa espada de gume duplo, a lança com cabo de madeira de freixo ou de faia e ponta larga de ferro e o escudo de madeira revestido de couro que tomava diversas formas: circulares, oblongas ou ovoides. A rígida couraça dos romanos dá lugar à brunea, um gibão de couro recoberto de escamas de metal imbricadas como as telhas de um telhado. O elmo geralmente não é mais do que uma calota de ferro, às vezes formada por uma armadura metálica revestida de couro. A principal evolução deste equipamento ao longo da Idade Média foi a substituição da brunea pela cota de malha que cobria o corpo interior, desde os ombros até os joelhos, e que era aberta por baixo para permitir cavalgar, como se vê no bordado de Bayeux já no final do século XI. Estas cotas de malha ou *hauberks*, extremamente eficazes contra os golpes de espada, não bastam para se proteger da ponta da lança manejada de acordo com uma nova técnica de investida que constitui o principal progresso da tática militar medieval. Como bem nota Jean Flori, o cavaleiro medieval necessita de importantes recursos financeiros para pagar seu/s cavalo/s e equipamento pesado, além de tempo, pois, em paralelo a um treinamento frequente, ele deve afirmar-se em combates festivos, torneios e no exercício da caça, que na maior parte das vezes é o seu privilégio exclusivo fora das reservas que os reis concedem a si mesmos desde a Idade Média. Tudo isso para dizer que, começando pelo ponto de vista militar, a cavalaria tende a se restringir a uma elite aristocrática.

A cavalaria surge no século XI. A categoria dos *milites* (em latim popular, *caballarii*) difunde-se largamente por volta do ano 1000, primeiro na França do Centro e do Norte, mais tarde, no século XI, nas regiões mediterrâneas, e por fim pelo resto da cristandade. Esses *milites* são ao mesmo tempo guerreiros a serviço de senhores mais importantes e guardiões de castelos a serviço de castelãos, muitos dos quais tendo-se emancipado e tornado eles próprios cavaleiros independentes ao longo dos séculos XI e XII.

O surgimento dos *milites* ocorreu em um clima de suspeita alimentado pela Igreja com relação aos guerreiros, confundidos às vezes com ladrões. Esta desconfiança os fez nascer, portanto, no contexto do movimento de paz, em torno do ano 1000, destinado a controlar a brutalidade dos guerreiros e submetê-los às diretivas do cristianismo e da Igreja. Os cavaleiros receberam então a missão de proteger as viúvas e órfãos e, de modo mais geral, os fracos e pobres, e inclusive pessoas sem armas, como os primeiros comerciantes.

No entanto, ao longo do século XI acelerou-se a evolução que afastou a Igreja e o cristianismo medieval do espírito pacifista do cristianismo primitivo. A Igreja adotou a ideia de uma necessidade, e mesmo de uma utilidade, da guerra sob certas condições.

A evolução tornou-se decisiva quando no final do século XI a Igreja aderiu por si mesma à guerra santa, às Cruzadas. Combater em nome de Deus e dos fracos foi sancionado por novos ritos que impuseram aos cavaleiros uma espécie de batismo cavaleiresco, o adubamento. Dominique Barthélemy sustenta a ideia de uma convergência entre ideais cavaleirescos e cristãos que estaria na base do feudalismo[2].

Um espaço específico favoreceu o desenvolvimento desta cavalaria cristã: a Península Ibérica. A Reconquista, ou seja, a retomada essencialmente militar pelos cristãos da península dominada pelos muçulmanos elevou os cavaleiros ao primeiro plano. Eles tornaram-se modelos prestigiosos não somente para os cristãos da península, como também para todos os habitantes da cristandade. Martin de Riquer traçou um notável retrato destes *caballeros andantes españoles*.

A imagem do cavaleiro impôs-se igualmente aos reis cristãos, mesmo que esta segunda função não tenha suplantado as funções de justiça e prosperidade. O rei medieval que sem dúvida adquiriu a melhor imagem de rei cavaleiro foi o rei da Inglaterra Ricardo Coração de Leão (1189-1199). Muitos historiadores já apontaram que o rei da França Luís IX (São Luís) não constituía uma personagem de cavaleiro; mas, na realidade, a imagem de rei pacificador que ele construiu para si mesmo coexistiu no seu tempo com uma imagem de rei cavaleiro consolidada tanto na guerra contra os ingleses quanto – e sobretudo – nas Cruzadas. Jean de Joinville nos deixou uma surpreendente imagem de São Luís cavalgando com a espada na mão sobre um dique no Egito.

---

2. *Chevaliers et Miracles* – La violence et le sacré dans la société féodale. Paris: Armand Colin, 2004.

A cristianização dos cavaleiros também foi marcada pelas insistentes referências a santos que lhes foram designados como padroeiros e que gozavam de uma posição privilegiada na hagiografia medieval. Na Europa do Centro e do Leste, o santo cavaleiro negro, São Maurício, tornou-se o curioso padroeiro da cavalaria branca. Porém, foi sobretudo São Jorge, vindo do Oriente, que se distinguiu como o grande santo cavaleiresco em toda a cristandade. Santo cavaleiro, se se pode dizer, cujo papel religioso e social manifestou-se no episódio frequentemente representado em que ele mata o dragão para libertar a princesa. São Jorge foi o modelo do cavaleiro cortês que emprega sua força, coragem e natureza sagrada a serviço dos fracos.

As difíceis relações – apesar das Cruzadas e da atualização de uma teoria da guerra justa – entre a Igreja e os cavaleiros prolongaram-se ao longo da Idade Média. Percebe-se isso através da história dos torneios, que, equivalendo um pouco às grandes manifestações esportivas contemporâneas, fascinaram não somente a casta cavaleiresca, como também as multidões. Eles consistiam tanto em exercício militar quanto em divertimento. Além disso, em *O domingo de Bouvines*, Georges Duby mostra magnificamente o quão eles foram uma iniciativa econômica de importância capital. Entretanto, a Igreja considerava-os como uma exaltação malcontrolada da violência, um desvio da guerra justa para um espetáculo excitante. Ela também julgava que o aspecto profano, e mesmo pagão, destes embates era visível demais e buscou assim proibi-los. O IV Concílio de Latrão em especial, realizado em 1215, baniu-os da cristandade. Mas foi um fracasso. Os torneios, condenados pela Igreja em 1139 e 1199, foram autorizados, mas controlados na Inglaterra por Ricardo Coração de Leão (1194), continuaram depois de um certo recuo no século XIII e, após a retirada da proibição pela Igreja em 1316, até recrudesceram nos séculos XIV, XV e ainda XVI. As realezas em evolução buscavam apropriar-se deles ao organizá-los e principalmente ao designar-lhes diretores, os arautos. Este retorno dos torneios foi uma das grandes manifestações deste florescente século XV que Johan Huizinga chamou de "outono da Idade Média". Um dos grandes organizadores destes torneios da Idade Média vistosa foi o Rei Renato de Anjou, conde da Provença e rei de Nápoles, que completou a realização de torneios nos seus Estados com a redação de um grande livro ilustrado, o *Tratado da forma e orçamento de um torneio* (por volta de 1460).

A cavalaria foi a expressão mais característica do feudalismo. E, como dito antes, ela combinou o seu caráter aristocrático com o ritualismo religioso e as instituições monárquicas de modo definitivo e com bastante facilidade. Georges Duby mostra bem como Guilherme, o Marechal (1147-1219), considerado em sua época como "o melhor cavaleiro do mundo", deve o seu êxito social e prestígio não somente ao respeito constante das regras da honra cavaleiresca, como também aos favores do rei da Inglaterra. Georges Duby considera-o se não o melhor cavaleiro, pelo menos um cavaleiro perfeito e descreve-o assim: "Caçula sem crédito, tornou-se homem rico e barão, mas enquanto guardião de sua esposa e dos filhos desta. Tomou posse do poder real, mas como guardião do rei, que era jovem demais. Nunca imaginara que alcançaria este grau de poder. Não recebera formação e não detinha nenhum título de sangue ou da liturgia dos padres para exercer este poder. Não possuía outra qualidade senão a de ter a fama de melhor cavaleiro do mundo – e aqueles que celebraram as suas virtudes, falando por ele, retomando as suas próprias palavras, exprimindo aquilo de que ele próprio estava convencido, nunca quiseram dizer outra coisa dele. É a essa excelência, e somente a ela, que ele deve o fato de ter-se elevado tão alto. Graças àquele grande corpo incansável, potente, hábil nos exercícios cavaleiros, graças àquela mente aparentemente pequena demais para entravar o desenvolvimento natural de seu vigor físico com raciocínios supérfluos: poucos e curtos pensamentos, um apego teimoso, em sua força limitada, à ética grosseira dos guerreiros, cujos valores podem ser resumidos em três palavras: proeza, generosidade e lealdade. E sobretudo graças à sua maravilhosa longevidade".

Os cavaleiros da Távola Redonda ilustram bem a evolução da imagem do cavaleiro. Representantes da proeza do século XII, eles tornam-se os heróis do amor cortês na virada do século XII para o XIII. Como mostra mais uma vez Georges Duby, o papel principal nos dois períodos dessas histórias é interpretado pelos jovens, que viviam à procura de castelos, terras e mulheres – embora, quanto a esta última questão, Georges Duby tenha sido abalado pelas pesquisas de Christiane Marchello-Nizia. Segundo ela, no amor cortês, a mulher seria frequentemente apenas a máscara de um mancebo: "Naquela sociedade militar, o amor cortês não seria na verdade um amor de homem?" Christiane Marchello-Nizia lembra que Jacques Lacan pensava que, a respeito da homossexualidade, "o amor cortês permanece enigmático"[3].

O importante é que, sonhado ou vivido, ideal ou carnal, o amor cortês só fez reforçar a parte de imaginário que desde o início existe na cavalaria. E Georges Duby nos revela ainda que, além de um modelo social, a cavalaria era um modelo cultural. Os três objetivos essenciais do cavaleiro corajoso e cortês são a aventura, a honra e a glória. Erich Köhler descreveu bem o que foi a aventura cavaleiresca.

---

3. *O seminário*: livro 20 mais, ainda. Rio de Janeiro: Zahar, 1985.

Toda civilização entretém relações mais ou menos estreitas com o espaço. O cristianismo medieval estruturou e dominou o espaço europeu. Ele criou redes de pontos quentes (igrejas, locais de peregrinação, castelos), mas, mais do que isso, dividiu um espaço para os errantes onde a floresta é mais uma vez sonho e realidade ao mesmo tempo. Nesta perspectiva, o cavaleiro é fundamentalmente o que a maioria dos cavaleiros da Idade Média foi: um cavaleiro errante. As Cruzadas são o mais louco desses empreendimentos errantes.

O cavaleiro medieval, tanto por seu caráter aventuresco quanto pela natureza não hereditária de seu título, distingue-se do nobre. Jean Flori o define perfeitamente: "Ao longo da Idade Média, nobreza e cavalaria entremearam os seus destinos; no entanto os dois termos jamais foram sinônimos, e os seus conceitos nunca foram equivalentes; a cavalaria pouco a pouco aumentou o seu esplendor, atraindo a nobreza, que a dirige desde sempre ao ponto de reivindicar o seu pertencimento, controle e, em larga medida, exclusividade. Assim, no século XIII, a nobre 'corporação' dos guerreiros de elite tornou-se a corporação elitista dos nobres cavaleiros antes de se transformar em confraria nobiliária de caráter honorífico no final da Idade Média".

Como é bastante comum, a cavalaria não escapou ao efeito colateral do sucesso chamado zombaria. Romaine Wolf-Bonvin reuniu duas narrações características do século XIII sob a etiqueta de *A cavalaria dos tolos* (La chevalerie des sots, 1990). Trata-se de uma paródia do romance cortês *Fergus* e do conto em versos erótico *Trubert*. É notável que os heróis ingênuos e tolos, em francês antigo, *nices*, sejam parecidos com o jovem Percival do início do romance de Chrétien de Troyes. Aquele órfão criado por sua mãe em meio à solidão não seria o menino exemplar que, através de aventuras, tornar-se-ia cavaleiro? Em todo caso, esta moral, sob o manto cristão, constituiria um dos importantes componentes da mentalidade e ideologia europeias. Naquele universo em que os heróis maravilhosos às vezes pertencem ao mundo das fadas, como veremos com Melusina, o cavaleiro, que emerge da inocência, também pode ser ele próprio uma dessas personagens fabulosas; existem os cavaleiros "*fae*".

Dois importantes avatares marcam a história da cavalaria entre os séculos XII e XV. Primeiro, o aparecimento de ordens religiosas militares, de "cavaleiros de Cristo". Trata-se do resultado da conversão do cristianismo à guerra. O surgimento de uma personagem que reunia em si mesma o monge e o guerreiro, que antes do século XI era impensável, produz-se no contexto das Cruzadas – na segunda metade do século XI, o Papa Gregório VII autorizou a expressão *miles christi* (cavaleiro de Cristo) no terreno propriamente militar. É para defender a Terra Santa, seus habitantes cristãos e os peregrinos que nascem estas novas ordens. Em 1113 é criada a Ordem Hospitalar de São João de Jerusalém; em 1120, a Ordem do Templo. Outro campo em que irrompem essas ordens militares é a Península Ibérica da Reconquista: entre 1158 e 1175 são fundadas a Ordem de Calatrava, a de Santiago e, em Portugal, a Confraria de Évora, futura Ordem de Avis. Os alemães estabelecem em Acre, na Terra Santa, um hospital que em 1198 torna-se uma ordem militar. Por fim, um terceiro espaço acolhe essas ordens militares: as terras dos pagãos no nordeste da Europa. Em 1202-1204, a Ordem dos Porta-Espadas é criada na Livônia, em 1230, os Teutônicos instalam-se na Prússia, e em 1237 os Porta-Espadas e os Teutônicos fusionam. Após a queda de São João de Acre, as ordens militares cristãs, os Cavaleiros de Cristo, retiram-se em Chipre. No entanto, as monarquias cristãs em construção na Europa toleram cada vez menos esses corpos híbridos que constituem os monges cavaleiros.

Incitado pelo rei da França Filipe, o Belo, o Papa Clemente VII ordena em 1308 a prisão dos Templários em toda a cristandade, e o Concílio de Vienne extingue a Ordem do Templo em 1312. Em Marienburgo, onde os Cavaleiros Teutônicos instalaram-se, os constantes conflitos com os reis da Polônia são marcados pela vitória espetacular dos polono-lituanos sobre os Teutônicos em Grünwald (Tannenberg) em 1410. Os únicos que restaram, recolhidos em Malta em 1530, foram os Hospitaleiros, então chamados Cavaleiros de Malta, que se dedicam exclusivamente, ainda hoje, a obras humanitárias.

O outro avatar da história da cavalaria é a criação de condecorações nos séculos XIV e XV pelos reis e príncipes. Essas insígnias são atribuídas ao bel-prazer destes últimos a personagens laicas que eles desejam distinguir ou associar a si mesmos. Alfonso de Castela funda em 1330 a primeira ordem secular de cavalaria; Edouardo III da Inglaterra cria em 1348 a famosa Ordem da Jarreteira; João, o Bom inaugura em 1351 a Ordem da Estrela. No século XV, a mais célebre criação é a da Ordem do Tosão de Ouro pelo duque de Borgonha Filipe, o Bom em 1430. Essas ordens aproximam-se das confraternidades e, nesta perspectiva, podem ser fundadas por simples cavaleiros. Assim, no início do século XV, Boucicaut institui a Ordem do "Escudo Verde da Dama Branca", destinada a defender a honra das damas e donzelas que sofriam violências na Guerra dos Cem Anos, e redige um tratado para exaltar os antigos valores cavaleirescos. Essas ordens cavaleirescas provam a existência de uma nostalgia do passado, um renascimento da mística arturiana. Elas tendem a perpetuar "a glorificação da proeza, o sentido da honra, da generosidade e da grandeza da alma"[4].

---

4. FLORI, J. Cf. bibliografia.

É nesta atmosfera que nasce e afirma-se um novo tema no interior do mundo dos heróis maravilhosos da cavalaria medieval: os nove cavaleiros valentes. Este tema ilustra a concepção dos letrados da Idade Média, que tinham tendência a retomar o mesmo ideal transmitido pelas três civilizações, das quais a medieval provinha: a judia e o Antigo Testamento, a pagã antiga e a cristã medieval. Assim foi eleito um grupo de nove cavaleiros valentes. Três judeus do Antigo Testamento: Josué, Judas Macabeu e Davi; três pagãos da Antiguidade, Heitor de Troia, Alexandre, o Grande e Júlio César; três cristãos da Idade Média; Artur, Carlos Magno e Godofredo de Bulhão, primeiro rei latino de Jerusalém em 1099 que a história mítica não preservou. Esses nove cavaleiros valentes aparecem pela primeira vez em um tratado de Jacques de Longuyon, *Les vœux du paon* (Os votos do pavão), em 1312. A moda da tapeçaria nos séculos XIV e XV e o aparecimento dos baralhos de cartas no século XV garantiram o sucesso destes cavaleiros valentes. Carlos Magno em especial tornou-se o Rei de Coração do tarô e dos baralhos. O tema dos cavaleiros valentes alcançou um sucesso que se estendeu além do mundo masculino da cavalaria. *Cavaleiras valentes* surgiram no século XVI, integrando assim ao universo da cavalaria, em um papel ativo, a mulher, que no amor cortês só exercera um papel passivo. Os séculos XV e XVI foram, portanto, uma época de efervescência cavaleiresca. Um bom exemplo disso é a popularidade de um romance catalão escrito por Joanot Martorell de Valência e publicado após a sua morte em 1490, *Tirant lo Blanc*. Este cavaleiro imaginário é um marco importante na estrada que vai de Lancelot a Dom Quixote. Cervantes considerava-o como "o melhor livro do mundo"; e o autor declara que quis reacender "o gosto pelas façanhas e o glorioso renome dos antigos e virtuosíssimos cavaleiros". Ao prefaciar uma edição recente de *Tirant lo Blanc*, o grande escritor peruano Mario Vargas Llosa declara que este ambicioso romance merece como poucos ser qualificado de europeu: "Porque a metade da Europa e todo o Mediterrâneo constituem o cenário onde o herói da história evolui como se estivesse em casa, ele é um homem que se sente em sua pátria tanto na Inglaterra quanto na Bretanha, na Grécia ou na Espanha e não admite outras fronteiras entre os seres humanos que as que separam a honra e a desonra, a beleza e a feiura, a coragem e a covardia"[5].

No entanto, novos cavaleiros obcecavam a imaginação dos europeus dos séculos XIV e XV, tais como Amadis da Gália, surgido no século XIV e herói do romance de extraordinário sucesso escrito pelo italiano Gálvez de Montalvo (1558). Os conquistadores espanhóis e portugueses que subjugaram uma parte da América no começo do século XVI alimentavam-se entre duas marchas, entre dois combates, dessa literatura cavaleiresca. E assim, esta última seguiu uma direção que a conduziu à obra-prima que é ao mesmo tempo o apogeu de sua exaltação e sucesso e a crítica de um ideal definitivamente fora de moda. Essa obra-prima é evidentemente o *Dom Quixote* de Cervantes (1605-1615).

Os cavaleiros resuscitaram apenas através da erudição dos historiadores dos séculos XVIII e XIX. Um livro erudito foi difundido a um grande público na França e colocou a cavalaria na moda na Belle Époque: *La chevalerie*, de Léon Gautier (1894). Porém, o ideal cavaleiresco inspirara Bonaparte, que em 1802 criou uma ordem destinada ao sucesso, como todos nós sabemos: a Legião de Honra. O primeiro título é o de cavaleiro. Já aproximaram também a imagem do

---

5. *Tirant lo Blanc*. Madri: Alianza, 2005.

cavaleiro à do novo herói social que combina a cortesania dos nobres e as boas maneiras dos burgueses e que foi inventada no século XIX pelos ingleses: o *gentleman*. No século XX, os cavaleiros voltam à cena através dos cavaleiros da Távola Redonda no imaginário do cinema. O recente sucesso da série de filmes *Os visitantes*, de Jean-Marie Poiré, prova que os cavaleiros ainda despertam sonhos, embora estes sejam acompanhados de um sorriso meio irônico.

6
El Cid

El Cid é um exemplo de personagem
medieval que passou do *status*
de personagem histórica ao de
personagem mítica já na Idade
Média.

Esta figura apresenta a particularidade de ter sido transmitida até os dias de hoje sem ter sua imagem renovada. Rodrigo Diaz de Vivar, El Cid (1043-1099), é uma personagem exemplar da Reconquista espanhola dos cristãos contra os muçulmanos. A partir do século XII, ele se tornou um herói cristão do combate aos mouros graças a uma obra literária prolongada por lendas e por uma tradição oral. Mais tarde, graças ao teatro do século XVII, ele passou a representar também o herói de uma grande história de amor, reacesa pelo renascimento teatral em Avinhão na segunda metade do século XX.

Nascido em Vivar, cidadezinha de Castela próxima a Burgos, Rodrigo Diaz é um cavaleiro da média nobreza que emprega seus talentos de guerreiro e de senhor a serviço ou dos reis de Castela ou dos emires muçulmanos. Após lutar contra o rei cristão de Navarra para o rei de Leão e de Castela Alfonso VI, ele é exilado por este último em 1081 e coloca sua espada a serviço do rei muçulmano de Saragoça contra o conde de Barcelona e o rei de Aragão e de Navarra; é nestas circunstâncias que ele recebe o apelido de Cid, oriundo do árabe *sayyid*, senhor. Reconciliado com Alfonso VI, ele combate os almorávidas muçulmanos da África, defendendo vitoriosamente os cristãos na região do Levante, onde conquista um principado. Inicialmente a serviço de um príncipe muçulmano aliado de Alfonso VI, ele liberta-se desta tutela e em 1094 toma a direção de Valência, onde instaura o primeiro Estado cristão em terra islâmica. Impõe, então, o pagamento de tributos aos pequenos reinos muçulmanos taifas vizinhos. Porém, em 1102, três anos após sua morte, sua viúva Ximena e o rei de Castela Alfonso VI abandonariam o seu principado de Valência aos mouros. Denis Menjot define bem o Cid histórico: "Trata-se de um 'aventureiro de fronteira', ávido por façanhas cavaleirescas e butins e servidor dos soberanos cristãos e muçulmanos. Sua promoção social foi assegurada pela guerra e consagrada pelo casamento de suas filhas com o rei de Navarra e o conde de Barcelona".

A partir do século XII, esta personagem transformou-o em herói cristão face aos muçulmanos, em figura emblemática da Reconquista cristã espanhola. Esta metamorfose deve-se primeiro à publicidade garantida a Diaz de Vivar e à sua mulher Ximena pelos monges beneditinos da abadia de Cardeña, perto de Burgos, onde o casal fora enterrado. El Cid foi não somente um herói cristão, mas também um herói castelhano, enquanto que a grande aventura de sua carreira foi a constituição de um principado em torno de Valência. O que garantiu definitivamente a reputação do Cid além das fronteiras de Castela foi um texto literário: um poema em castelhano escrito entre 1110 e 1150 por um autor anônimo e ao qual se deu o título de *Cantar de mío Cid* – e não *Poema de mío Cid*, como foi chamado mais tarde; trata-se de uma canção de gesta. O Cid do *Cantar* é castelhano, serve apenas os cristãos e combate os muçulmanos. O *Cantar* conta uma série de cercos, incursões e combates nos quais o Cid sempre é um chefe cristão. Um outro tema do poema é a dificuldade das relações entre o Cid e o seu suserano, o rei de Castela, que ilustra os problemas da hierarquia feudal.

Por fim, o Cid do *Cantar*, em paralelo aos seus grandes feitos militares, preocupa-se em garantir a glória e o futuro de sua família, de sua linhagem, ou seja, de suas duas filhas, em meio às suas decepções matrimoniais; estas se casam com dois infantes de uma outra grande família nobre castelhana, os infantes de Carrión, cujo comportamento insultante diante de seu sogro e escandaloso de modo geral é sancionado por um duelo judiciário e uma condenação. As filhas do Cid e de Ximena acabam, como já vimos, realizando grandes casamentos; neste terreno o Cid pode-se considerar vitorioso também.

Pouco antes de sua morte em 1099, Rodrigo Diaz fora louvado em um poema latino, o *Carmen Campidoctoris*, elogio do nobre guerreiro que conferiu a Rodrigo Diaz o seu outro apelido, o Campeador. O renome do herói castelhano foi assegurado por uma crônica que lhe foi igualmente dedicada na metade do século XIII, a *Historia Roderici*.

Os monges de Cardeña aproveitaram-se desse aumento de reputação para tentar transformar o Cid em santo. Sem ser marcada por um reconhecimento oficial de canonização, a reputação deste quase santo foi reforçada pela peregrinação que em 1272 o rei de Castela, Alfonso X, o Sábio, fez a Cardeña. Em 1541, os monges mandaram abrir o túmulo do Cid, de onde se escapou um forte cheiro de santidade, tanto que em 1554 o rei da Espanha Filipe II obteve do Vaticano a abertura de um processo de canonização que foi logo abandonado.

Porém, o renome do herói perdurava, pelo menos em Castela. Uma crônica, sem dúvida composta no começo do século XIV, foi publicada e impressa em Burgos em 1512 sob o título *Crónica del famoso cavallero Cid Ruy Díez Campeador* e reeditada em 1552 e 1593.

No entanto, foi o teatro que reacendeu a imagem mítica transformada do Cid. Embora a figura cavaleiresca de Rodrigo também seja exaltada pelo teatro, uma outra face da personagem aparece então: a de um grande apaixonado. O amor de Rodrigo e Ximena encontra-se assim impedido e fornece um tema dramático ao teatro espanhol do final da Idade de Ouro. O teatro francês clássico adota este tema em função da moda hispanizante e considera-o como um caso exemplar de herói dividido entre a paixão e o dever. Em 1561, utilizando sobretudo baladas populares nas quais o tema do amor brilhara, o dramaturgo espanhol Guillén de Castro montou *Las mocedades de Rodrigo* (As mocidades de Rodrigo), que inspiraram *O Cid* de Corneille, cuja primeira representação em Paris alcançou um enorme sucesso em 1636.

El Cid parece ter escapado da onda romântica. Sua imagem literária sem dúvida estava associada demais à de uma obra-prima do teatro clássico. Quanto à personagem histórica, ela quase foi abalada, senão destruída, por um crítico holandês, Reinhardt Dozy, que em suas *Pesquisas sobre a história e a literatura da Espanha durante a Idade Média* (1849) apresenta aquele que ele chama de "o Cid de acordo com novos documentos". Uma de suas principais fontes era o sábio árabe nativo de Santarém, em Portugal, praticamente desconhecido, que no início do século XII escrevera em Sevilha *Tesouro dos espanhóis excelentes*, dicionário biográfico no qual traçava um retrato pouco lisonjeiro do Cid Campeador. Dozy restabelece a imagem histórica de um *condottiere* cruel e grosseiro no lugar do cavaleiro piedoso e cortês da lenda espanhola. Ele declara inclusive que o Cid fora mais muçulmano do que cristão.

É no começo do século XX que o Cid renasce como herói espanhol graças à obra-prima de um ilustre filólogo e historiador da literatura, Ramón Menéndez Pidal. Com uma erudição considerável e um talento literário fora de série, Menéndez Pidal fez do Cid o herói epônimo e central de uma Espanha medieval glorificada. O seu grande e célebre livro chama-se de fato *La España del Cid* (1929). Graças a ele, El Cid finalmente atingira o zênite da glória nacional. Ele representava de certa forma a figura espanhola do herói dentro do panorama heroico da Europa. O franquismo tentou apropriar-se do Cid, fazendo até comparações entre os locais de nascimento vizinhos em Burgos e em Vivar do Cid e do Caudilho. Menéndez Pidal não aceitou essas deturpações e durante alguns anos foi desclassificado da presidência da Academia espanhola pelo regime. Porém, ele não foi um verdadeiro oponente do regime, inclusive neste domínio.

Embora o Cid, apesar das muitas críticas feitas ao grande livro de Menéndez Pidal, continue sendo um herói exemplar da Idade Média, de uma Idade Média tomada pelo nacionalismo, na segunda metade do século XX ele ganhou um novo avatar glorioso, mais uma vez devido ao teatro. A conjunção de encenações absolutamente modernas e a promoção de atores carismáticos que, por sua maneira de representar a personagem de Rodrigo, impuseram a imagem de um jovem herói cavaleiresco digno da categoria medieval de jovens tão bem descrita por Georges Duby fez com que a peça de Corneille fosse um grande sucesso do Teatro Nacional Popular e do Festival de Avinhão. Embora no final do século XIX o tradicionalíssimo ator da *Comédie Française* Mounet Sully houvesse representado um Cid bastante "clássico", o jovem Cid foi a revelação de um ator, também jovem, que entusiasmou as multidões, Gérard Philipe. Porém, outros diretores e atores mostraram que o Cid podia ser um herói de teatro nas experiências mais modernas. El Cid é, portanto, o exemplo de um herói histórico promovido pela literatura e pelo teatro que reúne assim os diferentes fatores que produzem o imaginário heroico: a memória, a poesia, o teatro e, é claro, os homens.

Sem alcançar o mesmo sucesso no cinema, El Cid inspirou pelo menos um filme célebre, o de Anthony Mann (1960) com Charlton Heston e Sophia Loren. Mais recentemente, um outro filme mostra que o Cid também é um daqueles heróis históricos que a história mais contemporânea pode manipular, assim como ela fez com Artur, como já vimos. Trata-se de um filme de animação espanhol, *El Cid – A lenda*, de José Pozo. El Cid é um combatente sem medo e sem defeito, grande inimigo dos mouros sedentos por sangue, isentos de qualquer senso moral e guiados por um chefe barbudo e cruel. El Cid parece ter sido também vítima do 11 de setembro de 2001.

7
O claustro

> O termo "claustro" pode designar uma parte do monastério ou o próprio monastério.

Ele foi transmitido ao imaginário europeu até os dias de hoje porque valoriza dois elementos característicos da ideologia monástica. O claustro no imaginário histórico é antes de tudo um lugar central no monastério, constituído por um jardim interior rodeado de galerias que se abrem em arcadas para esse jardim. Na outra concepção, o claustro refere-se ao conjunto do monastério enquanto grupo de edifícios fechados. O significado essencial do termo nos dois casos é a ideia de encerramento, enclausuramento, presente na etimologia latina da palavra claustro, *claustrum*, que vem de *claudere*, fechar.

O imaginário do claustro é a clausura, associada à do jardim no imaginário cristão. O jardim medieval por excelência é um jardim fechado, e esse encerramento protege tanto as produções herbáceas e frutíferas dos monges quanto o espaço da espiritualidade ao qual a imagem da Virgem será ligada de modo privilegiado a partir dos séculos XI-XII. Quando a Virgem supera as peripécias de sua vida terrestre, ela encontra-se ou no céu, após a Ascensão, ou em um jardim fechado. A referência fundamental do claustro como um jardim fechado é o paraíso, e de fato o pensamento simbólico medieval muitas vezes evocou o claustro monástico como um paraíso.

Além desta imagem da Jerusalém celeste, o claustro também é a metáfora do coração e do homem interior; ele constitui uma parte da ideologia cristã que valoriza a paz interior face às agitações do mundo – e que está em contraste também com as peregrinações do *homo viator*, do homem itinerante.

O claustro encarna, portanto, uma das faces do cristianismo medieval ambivalente e da sensibilidade europeia que emana dele. Já vimos a propósito do cavaleiro que uma das relações fundamentais do homem medieval com o espaço era a sua disposição a errar pelo mundo. Pois bem, a outra face antitética e complementar é a sua ligação a um lugar específico, o que a linguagem monástica chamava de *stabilitas loci* (estabilidade do local). Assim, o homem – e em menor grau a mulher – do Ocidente medieval oscila entre um porto seguro e o largo.

O claustro surge logo nos primórdios da arquitetura monástica ocidental, ou seja, no século IV. Um documento da época carolíngia, do início do século IX, demonstra a posição duplamente central do claustro na estrutura e funcionamento do monastério. Trata-se de uma planta da abadia de São Galo, na atual Suíça, que é ao mesmo tempo o reflexo do monastério real e a representação do monastério ideal. O claustro, no sentido amplo de monastério, é traçado como uma espécie de cidade autossuficiente. O centro dele é claramente a igreja e o claustro que lhe é justaposto. A extensão de um monastério e de seus anexos formando uma verdadeira cidade verifica-se no período carolíngio através da Abadia de Saint-Riquier, na Picardia.

O grande desenvolvimento dos claustros monásticos data da época romana (séculos XI-XII), e o gosto estético moderno tende a considerar que os claustros romanos que foram conservados na Provença, por exemplo, são os mais belos que a arquitetura medieval nos legou, enquanto que, como já vimos, a catedral é gótica por excelência. Esta oposição revela o contraste entre a intimidade e a abertura que caracteriza a ideologia e a sensibilidade medievais. O claustro, enquanto espaço interno do monastério, é o lugar em que melhor se encarnam o espírito de comunidade dos monges e o aspecto de devoção individual a que se refere a palavra monge (*monos*, "solitário" em grego). O claustro é o lugar próprio para a oração individual, o cenário por excelência deste exercício fundamental da devoção cristã. Porém, as galerias do claustro podem ser o teatro de manifestações coletivas de devoção, como as procissões de monges, por exemplo.

É provável que o claustro tenha atingido o seu apogeu na vida monástica com as reformas do século XII, das quais a mais famosa é a dos cistercienses. A glorificação do claustro foi um tema supremo da espiritualidade e literatura monásticas do século XII. Os dois testemunhos mais notáveis desta devoção são *A escola do claustro*, do beneditino Pierre de Celle, morto em 1183; e o *De claustro animae* (O claustro da alma), do cônego agostiniano Hugues de Fouilloy, perto de Corbie, morto em 1174. Pierre de Celle insiste nas virtudes do claustro, que são a tranquilidade da alma (*quies*) e o ócio que dá lugar à devoção (*otium*). Hugues de Fouilloy fornece uma explicação alegórica das diferentes partes do claustro. Vê-se bem que o claustro é a expressão simbólica da solidão e da vida contemplativa em oposição à ativa.

Como a espiritualidade monástica, sobretudo a dos beneditinos, recorre à arte, e em especial à escultura, para homenagear Deus e elevar a alma ao mesmo tempo, as galerias dos claustros com frequência foram magnificamente adornadas com esculturas. Dentre os mais belos claustros, pode-se citar o de Moissac, na França do Sudoeste, e o de São Trófimo de Arles, na Provença.

As ordens mendicantes que vão para as cidades morar em edifícios que não se chamam mais claustros, mas sim conventos, conservam, entretanto, o espaço interno do claustro, que a partir de então segue a evolução do gosto estético: gótico, Renascimento, barroco. Um belo exemplo de claustro barroco é o de Borromini, construído no início do século XVII na Igreja de San Carlo Alle Quattro Fontane, em Roma.

O grande motivo do claustro fora o encerramento, o enclausuramento. Este ideal e sua prática foram impostos principalmente às mulheres (ou escolhidos por elas). As monjas foram submetidas a uma regra de enclausuramento muito rígida a partir do século V. Mesmo as irmãs das ordens mendicantes, inclusive as clarissas, praticaram o enclausuramento, diferentemente dos frades, cujo apostolado com frequência os requeria fora do convento. Em 1298, a decretal *Periculosa* do Papa Bonifácio VIII estendeu o voto de clausura a todas as monjas. No século XVI, enquanto a reforma protestante acaba com os monastérios, conventos e clausuras, a Contrarreforma católica prolonga e reforça a clausura para as mulheres. Uma clausura rigorosa é um dos elementos da reforma do Carmelo realizada por Teresa de Ávila. O arcebispo de Milão, Carlos Borromeu, zela pelo estrito respeito da clausura pelas monjas. O Concílio de Trento decreta a excomunhão por qualquer infração do voto de clausura. No início do século XVII, Francisco de Sales e Joana de Chantal são obrigados, contra a sua vontade, a adotarem a clausura em sua nova ordem. A imagem do claustro, após as peripécias da Revolução Francesa e o fechamento de vários monastérios e conventos, permaneceu ligada à imagem das religiosas. No século XIX, renasce a dupla entre as religiosas caridosas e ativas, tais como as irmãs de São Vicente de Paulo, e as monjas enclausuradas, cuja imagem emblemática é fornecida pelas carmelitas. *Diálogos das carmelitas*, de Bernanos, adaptado para a ópera por Poulenc, consolida essa associação imaginária entre a mulher e o claustro.

No final do século XIX e começo do XX, o claustro torna-se a imagem nostálgica de um paraíso monástico medieval. Enquanto obra-prima arquitetural e conjunto de esculturas, ele desperta o interesse de ricos colecionadores e em especial de apreciadores americanos, que os consideravam como a mais intensa expressão da arte medieval. O escultor George Grey Barnard juntara diversos fragmentos de abadias medievais europeias desde 1914. Em 1925, John D. Rockfeller comprou a sua coleção e doou-a ao Metropolitan Museum of Art de Nova York, que por sua vez as regrupou, organizou e mostrou ao público em um anexo com vista para o Rio Hudson em 1926. Nesta ocasião, foram quase que inteiramente reconstituídos sobretudo o claustro de São Guilherme do Deserto e o de São Miguel de Cuixá. Outras esculturas, tapeçarias e fragmentos arquiteturais acompanharam esses claustros transferidos e reconstituídos. O edifício ganhou o nome de *The Cloisters*, e o imaginário do claustro, uma memória e uma reencarnação na cidade emblemática da América contemporânea.

Tendo em vista que a maioria dos monastérios encontra-se hoje abandonada, e os claustros, vazios, este lugar, que se tornou mítico por sua evocação da solidão e do paraíso, compõe um cenário excepcional para certas atividades musicais. O claustro de Noirlac, na província francesa de Berry, é um dos exemplos mais notáveis disso. Assim, no imaginário europeu de hoje, o claustro tornou-se ao mesmo tempo a imagem de um paraíso perdido e a de uma prisão destruída ou aberta.

8
Cocanha

O país de Cocanha surge como país
imaginário em um conto
em versos escrito em francês antigo
no início do século XIII.

Esta criação do imaginário medieval nos foi legada por três manuscritos, compostos pelo manuscrito original, escrito por volta de 1250, e por duas cópias do início do século XIV. Desconhece-se a etimologia da palavra, até então ignorada. Foram em vão as tentativas de filólogos de atribuir-lhe uma origem baixo-latina ou provençal e de associá-la à cozinha. Cocanha foi completamente concebida pela imaginação medieval.

O termo, surgido em francês (*Cocagne*), logo é traduzido em inglês, *Cokaygne* ou *Cockaigne*, em italiano, *Cuccagna*, e, em espanhol, *Cucaña*. Os alemães adotam uma outra palavra cuja origem também é obscura: *Schlaraffenland*. O conto de Cocanha do século XIII contém duzentos versos octossílabos e conta a história da viagem do autor em um país imaginário. Este autor, anônimo, empreende a tal viagem como uma penitência que lhe é imposta pelo papa. Ele descobre "a terra maravilhosa". É uma terra que goza da "bênção de Deus e dos santos" e que é chamada de Cocanha. Ela é imediatamente definida pela seguinte característica maravilhosa: "Quem dormir mais ganhará mais". O sono é fonte de benefícios, portanto.

Na minha opinião, deve-se identificar aí uma alusão à crítica dirigida então ao usurário, cujo lucro engorda enquanto ele dorme. Assim, o conto começa seguindo a moral do século XIII ao contrário. As paredes das casas deste país são feitas de peixes, "percas e salmões e sáveis", as vigas são feitas de esturjões, os tetos, de bacon, as ripas do chão, de linguiças, os campos de trigo são cercados por carnes assadas e presuntos; nas ruas, gansos gordos assam girando sozinhos em seus espetos, constantemente temperados com alho. Em todas as estradas, caminhos e ruas, há mesas servidas com toalhas brancas. Todo o mundo pode sentar-se a elas e comer sem restrições peixes ou carnes, carne de cervo ou de pássaro assada ou cozida, sem ter de pagar um único centavo. Neste país corre um rio de vinho no qual copos, cálices de ouro e de prata enchem-se sozinhos. O rio é feito metade do melhor vinho tinto, como o de Beaune ou o de além-mar, e metade de excelente vinho branco, como o de Auxerre, o de La Rochelle ou o de Tonnerre. Tudo isso também é de graça. E as pessoas não são grosseiras, mas sim valentes e corteses. Após esta imagem da abundância alimentar, abundância na qual a qualidade acompanha a quantidade, é a vez dos prazeres de um calendário bastante especial. O mês tem seis semanas; há quatro Páscoas no ano, quatro festas de São João, quatro vindimas, todos os dias são dias de festas e domingos; há quatro dias de Todos os Santos, quatro Natais, quatro festas da Candelária, quatro Carnavais e uma Quaresma somente a cada vinte anos.

O autor volta ao assunto da comida, reafirmando que se pode comer o que quiser e quando tiver vontade, pois não se deve impor jejum a ninguém. Ele já havia falado sobre comidas sem restrições antes. Agora, enfatiza "que ninguém ousa proibir". Não se pode deixar de pensar no lema de maio de 1968: "É proibido proibir". Parece então que, com o país de Cocanha, a utopia de uma sociedade sem proibições data do século XIII, período marcado por outras preocupações fundamentais das nossas sociedades, como a sexualidade e o trabalho. O conto de Cocanha não as ignorou.

Para fechar o capítulo alimentar, eu gostaria de apontar que neste país chovem chouriços quentes três dias por semana. O autor passa então à crítica essencial do dinheiro que ele abole. "Este país é tão rico que se encontram nos campos muitas bolsas cheias de moedas, inclusive moedas de ouro estrangeiras, os morabitinos e os besantes, mas elas não servem para nada, pois tudo é gratuito neste país onde nada se compra nem se vende." O que o autor do conto mantém em sua linha de tiro aqui é a grande explosão da economia monetária do século XIII.

Passemos ao sexo. Sejam senhoras ou senhoritas, as mulheres são tão belas que cada um toma a que lhe convém sem que ninguém fique ofendido. Todos satisfazem o seu prazer como queiram e à vontade. E essas mulheres não são repreendidas, mas sim honradas. E, se por acaso uma dama interessar-se por um homem que ela vir, ela fisga-o em plena rua e usa-o a seu bel-prazer – assim uns fazem a felicidade dos outros. A meu ver, o que surpreende aqui é menos o sonho de uma sexualidade livre, que pode ser encontrado nos textos da época sobre as maravilhas da Índia, por exemplo, do que a espantosa igualdade de comportamento sexual entre a mulher e o homem. A Igreja acabara de exigir (em 1215) o consentimento da mulher igual ao do homem para o casamento. Esta igualdade entre os sexos é levada aqui às suas consequências mais extremas. A máscula Idade Média não era tão uniformemente misógina como já se disse tantas vezes.

Poderíamos esperar ver a prática ou o elogio da nudez, mas ela não teria nada de maravilhoso. A maravilha está nas roupas: são as fantasias. Neste país existem fabricantes de tecidos muito gentis que todo mês distribuem diversos trajes, vestidos castanhos, escarlates, violetas ou verdes, de lã de boa qualidade ou grosseira, de seda de Alexandria, de tecido listrado ou de pelo de camelo. Há muitas roupas à disposição: coloridas, ou cinzas ou bordadas com pele de arminho; nesta terra bem-aventurada existem sapateiros muito ativos que distribuem sapatos de cordão, botas e calçados de verão bem modelados de acordo com a forma do pé, trezentos por dia, à vontade.

Há uma outra maravilha: a Fonte da Juventude que rejuvenece homens e mulheres. Qualquer homem, por mais velho e pálido que seja, qualquer mulher, por mais velha que pareça com seus cabelos brancos ou grisalhos, retornará à idade de trinta anos (é a suposta idade do começo da pregação de Cristo).

Quem foi a este país e voltou é bastante insano. "Foi o que eu fiz, reconhece o autor do conto, porque queria buscar meus amigos e levá-los àquele país bem-aventurado, mas não sei mais como reencontrá-lo. Se você estiver sentindo-se bem em sua terra, não procure deixá-la, pois, quando se quer mudar, acaba-se perdendo."

*

O conto em versos de Cocanha sem dúvida escapou de uma completa destruição, primeiro porque recorre a um invólucro cristão e, certamente, sobretudo porque sua conclusão é um apelo não à revolta, mas à resignação. Ele alimenta o problema da função da utopia, desafio ou exutório. O paraíso perdido do país de Cocanha é uma forma medieval e popular da idade de ouro elitista da filosofia antiga. É um sonho de abundância que revela o maior medo das populações medievais: a fome. É um sonho de liberdade que condena o peso das proibições de toda espécie e da dominação da Igreja, um sonho senão de preguiça, de *farniente*, pelo menos de lazer face à promoção do trabalho que só honra os trabalhadores para sujeitá-los ainda mais, por fim, um sonho de juventude que compensa a baixa esperança de vida do homem e da mulher da Idade Média. Porém, o que me parece mais digno de nota é a denúncia que este texto faz com relação à apropriação do tempo pela Igreja e a religião. O sonho de um calendário da felicidade é um dos grandes sonhos do imaginário das sociedades.

Enfim, o sonho do conto em versos de Cocanha é um sonho de gozo. A meu ver, isso já bastaria para distingui-lo radicalmente das heresias contemporâneas que em geral são heresias rigoristas que condenam a carne, a matéria e o prazer bem mais do que a própria Igreja. O país de Cocanha causaria horror aos cátaros.

Não cabe a mim julgar a opinião que aproxima o país de Cocanha do paraíso do Corão. Não acredito muito nesta influência. Se houvesse semelhanças, seria preciso, parece-me, buscar a causa delas nas concepções pagãs próximas tanto do passado oriental como do ocidental.

A utopia do país de Cocanha permaneceu no imaginário europeu. Porém, eu distingo dois períodos, duas fases. Primeiro, a integração do tema na literatura do conto divertido. O país de Cocanha teve a sorte de ser retomado por Boccaccio no *Decamerão*. Depois, Cocanha sobrevive misturado com outros temas de protesto, dos quais os três principais parece-me que são a Fonte da Juventude, já presente no conto em versos de Cocanha; o combate do Carnaval e da Quaresma, cujo surgimento é mais ou menos contemporâneo ao do conto de Cocanha, trata-se da luta entre a Quaresma e o *Charnage*[1]; e por fim o tema do mundo

---

1. O *Charnage* é o período em que o consumo de carne é permitido pelos católicos [N.T.].

ao contrário. Estes temas são recorrentes na literatura, arte e imaginário do século XVI. Na minha opinião, é notável que o mesmo grande pintor, Bruegel, tenha pintado a única boa representação pictural do país de Cocanha (que privilegia o *farniente*, o sono e a prosperidade física) e o combate do Carnaval e da Quaresma. A crítica moderna considera o conto em versos como um "sonho de compensação" ou uma "utopia social" (é o caso do historiador tcheco Graus), uma utopia "anticlerical", "de fuga", e, enfim, "popular" ou "folclórica".

Por maior que seja a dificuldade de determinar historicamente o que se chama de cultura popular, penso que esta cultura, que o cristianismo medieval tendia a acusar de paganismo, engloba historicamente o tempo de Cocanha. O conto em versos do século XIII sem dúvida absorveu tradições pagãs. E, na época moderna, certamente a partir do século XVIII, a utopia de Cocanha, enquanto anedota, tornou-se uma brincadeira de criança. Talvez sob a influência da árvore de maio[2] (seria preciso seguir esta pista), Cocanha sobreviveu nas comunidades rurais e camponesas, dando nome a um elemento de festa popular, o mastro de cocanha. No alto de um mastro encontra-se uma recompensa, frequentemente uma comida ou guloseima; alguém, na maior parte das vezes uma criança, deve escalá-lo para desprender o prêmio. A menção mais antiga ao mastro de cocanha parece ter sido feita na crônica chamada *Diário de um burguês de Paris*, que nota em 1425, uma época em que Paris estava sob a dominação dos ingleses e dos borgonheses, mas não deixava de se divertir:

> No Dia de São Lobo e de Santo Egídio, no sábado dia 1º de setembro, certos paroquianos

---

2. A "árvore de maio" é uma antiga tradição europeia que evoca a fertilidade com a chegada da primavera [N.T.].

propuseram e colocaram em prática um novo divertimento: pegaram uma vara bem longa, medindo seis *toises*, enterraram-na no chão, colocaram no topo dela um cesto contendo um ganso gordo e seis moedas e lubrificaram-na muito bem; depois gritaram que quem conseguisse ir buscar aquele ganso subindo sem nenhuma ajuda ganharia a vara e o cesto, o ganso e as seis moedas; mas ninguém, por melhor trepador que fosse, foi capaz de tal feito; mas, à noite, um jovem camareiro, que chegara mais alto do que os outros, ganhou o ganso, mas não o cesto, nem as moedas e nem a vara; isto aconteceu em Quincampoix, na Rua dos Gansos[3].

O mastro de cocanha tornou-se um divertimento de quermesse. Ele ilustra a diversidade dos caminhos que os mitos maravilhosos seguiram na história das nossas sociedades, constituindo o seu imaginário.

---

3. BEAUNE, C. (org.). *Journal d'un bourgeois de Paris*. Paris: Le Livre de Poche, 1990, p. 221-222 [Col. Lettres Gothiques]. A *toise*, antiga unidade de medida francesa, equivale a 1,9m. O divertimento é apresentado como uma invenção nova, mas o nome de Cocanha não é mencionado. – No original, "*ceci advint devant Quincampoix dans la rue aux Oies*". *Quincampoix* e *Oies* rimam, pois terminam em [wa] [N.T.].

9
O jogral

> O jogral é um animador. Seu nome
> vem do latim *jocus*, "jogo".

Donde o seu *status* e a sua imagem ambígua na sociedade e cultura medievais. Esta ambiguidade é a mesma do prazer nesta sociedade e cultura. O jogral é o próprio exemplo do herói ambíguo. Edmond Faral considera-o como o sucessor dos mímicos da Antiguidade. Surpreende-me sobretudo por seus estreitos laços com a nova sociedade feudal que se instaura do século X ao XII. Em compensação, uma coisa é certa: ele absorve uma parte da herança dos animadores pagãos, principalmente dos bardos das sociedades célticas. O jogral é um animador itinerante que vai fazer seus malabarismos nos lugares onde eles são admirados e remunerados, ou seja, essencialmente nos castelos senhoriais. Trata-se de um animador que faz de tudo. Ele recita versos e conta histórias. É o malabarista "da boca", mas não o autor destes textos, que são produzidos pelos menestréis e trovadores. Ele é apenas um executante.

Ele é ao mesmo tempo um malabarista de gestos; um acrobata que se contorce, um saltimbanco no sentido moderno do termo, um dançarino com frequência paródico e também um músico que canta muitas vezes com o acompanhamento do alaúde ou da viela de arco. Porém, tudo depende do conteúdo de sua atividade e do sentido que ele lhe dá. O jogral ilustra de certa forma a dupla natureza do homem, que foi criado por Deus, mas que sucumbiu ao pecado original. Seus pensamentos e atos podem, portanto, inclinar-se para o lado bom ou mau, manifestar o seu estado de filho de Deus criado à sua imagem ou de pecador manipulado pelo diabo. Ele pode ser o bobo da corte de Deus ou o do diabo. No fundo, ele é a imagem espetacular daquilo que todo herói medieval fundamentalmente é: um homem heroico, mas pecador por algum motivo, que pode deixar de servir a Deus para servir ao satã. Uma das grandes tarefas da moral medieval foi separar o bem e o mal, o puro e o impuro no comportamento dos heróis medievais. Esta reflexão concentrou-se nas profissões dos homens da Idade Média. Eram elas lícitas ou ilícitas? E, no caso do jogral, o prazer que ele desperta e que constitui a finalidade da sua profissão é um desejo lícito ou ilícito? Um texto do início do século XIII que ficou famoso no meio dos medievistas faz uma seleção entre os bons e maus jograis. Este texto segue uma dupla evolução que coloca com firmeza o problema da ambivalência das profissões. Trata-se, de um lado, do método escolástico que é um método crítico, de distinção, organização, classificação e que consequentemente procura desintricar a verdade e a mentira, o lícito e o ilícito, etc.; e, por outro lado, dos progressos da confissão auricular, decretada obrigatória em 1215 pelo IV Concílio de Latrão, que se propunha definir os proveitos e perigos morais e sociais de cada profissão. Foi em um manual de confessor pouco anterior a 1215 que o inglês Thomas de Chobham, formado pela Universidade de Paris, distinguiu os bons e os maus jograis. Segundo ele, o jogral mau, vergonhoso (*turpis*) é aquele que não recua diante da *scurrilitas*, ou seja, do burlesco, do excesso, do exibicionismo das palavras e gestos. É aquele que não coloca o corpo a serviço da alma; é um histrião que substitui os gestos decentes pela *gesticulatio* despudorada. Em compensação, existem outros bufões que devem ser louvados. Eles "cantam as grandes proezas dos príncipes e da vida dos santos, proporcionam um alívio quando se está doente ou ansioso e não cometem infâmias abusivas como o fazem os homens e mulheres acrobatas, bem como aqueles que dão espetáculos vergonhosos e que fazem aparecerem fantasmas seja por encantamento ou de outra forma".

Lícito ou ilícito, em todo caso o jogral medieval não se distancia dos limites do que a moral, a Igreja e a sociedade feudal admitem. Ele ilustra a frágil posição dos heróis da Idade Média. Mais do que outros, ele tende a ser um marginal, e não é por acaso se ele é de fato frequentemente ilustrado nas margens dos manuscritos. No entanto, a Bíblia contém um ilustre jogral: Davi. O Rei Davi é um rei que brinca, canta e dança. É verdade que ele também teve as suas fraquezas, em especial diante de Betsabé, a cujos charmes ele sucumbiu e acabou cometendo adultério, mas nem por isso deixa de ser um modelo glorioso que sustenta a imagem do jogral enquanto a Igreja ou a sociedade tenderiam a desprezá-lo ou rejeitá-lo.

De acordo com Michel Zink, quem melhor reabilitou o jogral na sociedade feudal do século XII foi São Bernardo (morto em 1153). Para este santo, os jograis forneciam aos homens um exemplo de humildade. E, quando humildes, os homens parecem-se com "os malabaristas e acrobatas que, de cabeça para baixo, fazem o contrário do costume dos homens, andando sobre as mãos e atraindo assim os olhares de todos. Não se trata de uma brincadeira pueril nem de uma atuação teatral que provoca o desejo por ondulações femininas vergonhosas e que representa atos ignóbeis, mas sim de uma brincadeira agradável, decente, séria, notável, cuja contemplação pode alegrar os espectadores celestes". Neste momento do século XII, a Igreja e os cristãos ficam divididos entre a reabilitação dos jograis, tal como justificava São Bernardo, e a condenação deles sem apelo, tal como formulava o seu contemporâneo Honorius Augustodunensis no *Elucidarium*. Um discípulo pergunta: "Os jograis têm esperança?", ao que o mestre responde: "Nem um pouco, todas as suas intenções estão de fato a serviço de satã; é comum dizer que eles não conhecem a Deus, e é por isso que, quando estes ladrões morrerem, Deus vai desprezá-los". A opinião do "progressista"

Abelardo é a mesma. Ele considera a atividade dos jograis como uma "pregação diabólica". Porém, se o jogral tende a ser cada vez mais não apenas aceito, como também louvado e admirado, é somente porque sua imagem mudara desde São Bernardo. De fato, este último dizia ser bobo da corte de Deus por humildade. Ele bem menosprezava estes animadores, e sua atitude aproximava-se da daqueles cristãos exagerados que se tornavam loucos para se humilhar diante de Deus.

No século XIII, o jogral torna-se assim uma personagem realmente positiva, mudança em grande parte devida às ordens mendicantes. Observa-se isso através de São Francisco de Assis. Ninguém mais do que ele declara-se "bobo da corte de Deus" na Idade Média. No entanto, ele especifica que é um malabarista "da boca", ou seja, ele também evita a gesticulação, mas considera que sua pregação, em função de seu caráter narrativo e popular, tem muito da profissão salvadora dos jograis.

Ainda no século XIII, o pregador franciscano Nicolas de Biard compara os confessores com os jograis: "Os jograis são os confessores que provocam o riso e a alegria de Deus e dos santos graças à excelência de suas palavras e ações: enquanto um faz leitura na igreja, o outro canta e fala em romano, ou seja, expõe o que está escrito em latim em língua romana para os laicos de sua pregação". É preciso dizer que, de São Bernardo a São Francisco e Nicolas de Biard, uma revolução interveio nas manifestações de contentamento e prazer dos cristãos. Liberou-se o riso, até então reprimido na maior parte das vezes, assim como nos monastérios. São Francisco é um santo que sabe rir e que faz do riso uma das expressões de sua espiritualidade, quer dizer, de sua santidade para aqueles que o veem e escutam. Outro franciscano, Roger Bacon, propõe "fundar uma pregação em uma retórica da emoção, ela própria baseada no recurso aos gestos, à mímica e mesmo à música e à arte do jogral". No final do século XIII, os romances edificantes do catalão Ramón Llull colocam em cena jograis valorizados. Eles não são mais somente difusores de prazer, mas se tornam eles próprios heróis literários. É verdade que isso acontece sobretudo quando de jograis eles passam a ser menestréis.

Esta mudança está ligada à evolução tanto da sociedade quanto das mentalidades e da cultura. Para ganhar sua vida, o jogral errante, na esteira das outras profissões instaladas nas cidades ou castelos, tende a se tornar o animador estável e sedentário de um mecenas senhorial. Ao mesmo tempo, a liberação da música e a difusão de novos instrumentos musicais tocados por músicos especializados fazem com que a música mais ou menos desapareça de suas atividades. Em Paris, uma rua chamada *Des Jongleurs* (Dos jograis), que manifesta o reconhecimento da profissão, no fim da Idade Média torna-se a Rua *Des Ménétriers* (Dos Menestréis). Trata-se da atual Rua Rambuteau.

Herói literário, o menestrel aparece, por exemplo, no romance *Cleomadès* de Adenet le Roi (por volta de 1260):

> Um verdadeiro menestrel deve abster-se
> de prejudicar e caluniar;
> nenhuma calúnia, por menor que seja,
> deve sair de sua boca.
> Ele deve estar sempre disposto
> A proclamar o bem onde quer que vá.
> Bendito seja aquele que assim agirá!

Colin Muset, um outro menestrel, que exerceu sua atividade na Champagne e na Lorena durante o segundo terço do século XIII, cantou a instabilidade da condição do jogral que busca tornar-se menestrel sedentário. Ele dirige-se a um senhor pouco generoso:

> Senhor conde, na madrugada
> perante vós e vossa casa,
> esperei sem receber nada
> nem o bastante para retirar meus penhores:
> que vergonha!
> Por minha fé em Santa Maria,
> não serei mais vossa companhia.
> Meu porta-moedas está vazio,
> e meu futuro, sombrio.

Acima de todos, um conto edificante celebra a personagem do jogral mostrando que ele pode interiorizar a sua profissão e destreza, distanciando-se da ânsia por uma plateia. Trata-se do jogral de Nossa Senhora, que, pensando estar sozinho, faz o seu espetáculo diante de uma estátua da Virgem e o Menino para dedicar o seu talento e esforço a Maria e a Jesus. Se este ato acaba sendo descoberto, tornando-se um modelo de devoção, é porque um monge e o abade do monastério surpreendem-no durante seus exercícios solitários. *Le jongleur de Notre-Dame* (O jogral de Nossa Senhora) permanecerá uma obra célebre e inspiradora por séculos, perpetuando a imagem heroica do jogral. Um dos resultados disso é a obra que Massanet compõe em 1902 sob a influência do *revival* da música e sensibilidade da Idade Média, através do renascimento do canto gregoriano e das inspirações da *Schola Cantorum*.

Porém, nesse meio-tempo a imagem do jogral modificou-se profundamente. Este fenômeno resulta do surgimento de uma grande novidade no universo social do divertimento: o nascimento do circo na segunda metade do século XVI. A partir de então, o jogral é apenas um artista especializado dentre os artistas circenses. Ele representa as brincadeiras e os prazeres da destreza face aos do perigo. O acrobata torna-se um trapezista, diferente do jogral, e o malabarista da boca vira um animador completamente novo e prometido a um fabuloso destino no mundo moderno: o palhaço. O termo aparece em inglês (*clown*) na segunda metade do século XVI, depois rapidamente em francês nas formas *cloyne*, *cloine* (1563), *clowne* (1567), *cloune* (1570). Na Inglaterra do século XVI, o palhaço é um desajeitado que provoca o riso sem querer, um bufão que encontra um lugar no teatro de Shakespeare, mais uma vez resultado e apogeu da cultura e sensibilidade medievais. Porém, o palhaço é herdeiro da imagem do herói medieval como um homem dividido entre o riso e as lágrimas.

Reduzido à sua destreza manual, virando então malabarista, o jogral enriquece a sua pro-

Malabarismo metafórico. Na época moderna, diversos ilusionistas e trapaceiros fora das brincadeiras do circo e da festa são tratados de malabaristas e mostrados realizando este exercício. Aqui, Clemenceau, em uma perspectiva polêmica, é mostrado fazendo malabarismo com o dinheiro das ações do Canal do Panamá. Suplemento ilustrado do Petit Journal, 19/08/1893.

fissão e repertório com outras heranças provenientes de diversas fontes: da longínqua China e do grande sucesso do circo nos Estados Unidos no século XIX. O jogral não recupera completamente a sua imagem apesar da sua utilização metafórica (a meio caminho entre a admiração e a condenação) quando se trata dos desfalques dos malabaristas modernos, em especial dos políticos e empresários financeiros. O jogral é o exemplo de um herói marginal que se desintegra e penetra no imaginário moderno e contemporâneo.

"Os segredos da História Natural, contendo as maravilhas e as coisas memoráveis do mundo", por volta de 1480, ms fr. 22971, f. 20, Paris, BNF.

10
O unicórnio

> Além da raposa, o unicórnio introduz
> neste livro o mundo dos animais,
> que ocupa um enorme espaço no
> imaginário medieval e ainda hoje no
> imaginário europeu.

O unicórnio é um belo exemplo da presença de seres imaginários, em paralelo a personagens históricas ou seres reais, dentre os heróis da Idade Média. O destino do unicórnio, enquanto personagem heroica, ilustra, de um lado, a indiferença que durante muito tempo os homens e mulheres da Idade Média demonstravam com relação à fronteira entre imaginário e realidade e, de outro, a paixão deles por heróis surpreendentes e carregados de simbolismo.

O unicórnio foi legado à Idade Média pela Antiguidade. Os Padres da Igreja, autores cristãos da Alta Idade Média, descobriram-no em uma obra que constitui a fonte da formidável presença deste animal na cultura do Ocidente Medieval. Trata-se do *Physiologus*, tratado escrito em grego entre os séculos II e IV em Alexandria por uma figura pertencente a um meio certamente gnóstico, ou seja, imbuído de religiosidade simbólica. Este texto foi rapidamente traduzido para o latim. O sucesso do unicórnio se deve às suas qualidades estéticas e sobretudo às suas íntimas relações com o Cristo e a Virgem no seio da sensibilidade religiosa medieval. O unicórnio é citado três vezes por Plínio em sua *História natural* (8, 31, 76) e por Solino, polígrafo do século III que forneceu à Idade Média o seu maior estoque de maravilhas em suas *Collectanea rerum memorabilium*, mas o texto decisivo é o *Physiologus*:

> O unicórnio é pequeno e muito selvagem. Ele possui um chifre na cabeça. Nenhum caçador consegue pegá-lo, a não ser por uma astúcia. Uma virgem o atrai onde ela mora. Quando a vê, o unicórnio pula em seu colo. Ele então é preso e conduzido ao palácio do rei.

A introdução do unicórnio no saber pseudocientífico e simbólico da Idade Média é reforçada pela retransmissão de vários textos fundamentais, como os *Moralia in Job*, de Gregório Magno (31, 15), as *Etymologiae* de Isidoro de Sevilha (12, 2, 12-13), os *Comentários aos Salmos* de Beda, o Venerável (comentário do Sl 77), a enciclopédia *De rerum naturis* de Raban Maur (VIII, 1). No século XII, o unicórnio confirma o seu sucesso por sua presença nos popularíssimos poemas dos *Carmina Burana*. Porém, ele impõe-se sobretudo como uma grande personagem dos *Bestiários*, coletânea de textos metade científicos, metade fictícios, mas sempre moralizados, que reúnem em uma mesma crença e sedução animais reais e imaginários.

A descrição do unicórnio geralmente repete a do *Physiologus*. Ele é um animal muito feroz e, com o seu chifre, mata qualquer caçador que se aproxime; mas, se se deparar com uma virgem, precipita-se sobre os seus seios, e ela amamenta-o para em seguida capturá-lo. A virgindade da moça é uma condição indispensável para o sucesso da caçada.

Esta personagem do unicórnio, assim como todas as heranças da Antiguidade, passa por um processo de cristianização na Idade Média. Ele é uma imagem do Salvador, torna-se um chifre de salvação, elege domicílio no seio da Virgem Maria, passa a ilustrar o texto do Evangelho de João (1,14): "o verbo se fez carne e habitou entre nós". O unicórnio lembra a Virgem por excelência, Maria; sua caça representa alegoricamente o Mistério da Encarnação, no qual ele próprio representa o Cristo espiritual unicórnio (*Christus spiritualis unicornis*), e seu chifre torna-se a cruz de Cristo. Assim, em função de sua identificação com a Virgem Maria e ao mesmo tempo com Jesus Cristo, o unicórnio está no cerne do simbolismo cristão, e esta dupla identificação permitiu que alguns historiadores insistissem no caráter andrógino do cristianismo apoiando-se no duplo simbolismo do unicórnio medieval. Assim, este último teria legado ao imaginário europeu a imagem de um modelo humano bissexual.

O poema *Do unicórnio*, extraído do *Bestiário divino*, o mais longo dos bestiários em versos francês, escrito por volta de 1210-1211 por Guilherme, o Clérigo da Normandia, é um bom exemplo desta crença.

> Falar-vos-emos do unicórnio:
> um animal que possui um chifre único,
> situado bem no meio da fronte.
> Esta besta é tão temerária,
> tão agressiva e tão atrevida
> que ataca o elefante,
> o mais temível dos animais
> que existem no mundo.
> O unicórnio tem o casco tão duro e cortante
> que facilmente luta com o elefante,
> e este casco é tão afiado
> que nada escapa de seu golpe
> sem ser furado ou talhado.
> O elefante não pode defender-se
> quando atacado,
> pois o unicórnio acerta o seu ventre com tamanha força,
> com seu casco cortante como lâmina,
> que acaba estripando-o completamente.

Esta besta é tão forte
que não teme nenhum caçador.
Aqueles que quiserem tentar
pela astúcia o unicórnio pegar e atar,
quando ele sai para cavalgar,
na montanha ou à beira do mar,
uma vez tendo descoberto seu refúgio
e com minúcia examinado suas pegadas,
vão buscar uma donzela
cuja virgindade seja certa;
depois fazem-na sentar e esperar
na toca da besta a capturar.
Assim que o unicórnio chega
e vê a menina,
ele logo dirige-se a ela
e deita-se em seu colo;
surgem então os caçadores que espiam-no;
aí, eles arrebatam e atam-no,
depois conduzem-no diante do rei,
à força e com impetuosidade.
Esta besta extraordinária,
que possui um único chifre na cabeça,
representa Nosso Senhor
Jesus Cristo, nosso Salvador.
Ele é o unicórnio celeste,
que alojou-se no seio da Virgem,
que é tão digna de veneração;
nela, ele tomou forma humana
e apareceu assim aos olhos do mundo;
mas seu povo não o reconheceu.
Muito ao contrário, certos judeus espiaram-no
e acabaram prendendo e atando-o;
conduziram-no diante de Pilatos,
e lá, condenaram-no à morte.

O fim deste poema mostra como o imaginário foi utilizado na Idade Média para atiçar e legitimar os sentimentos mais condenáveis. Aqui, o unicórnio é recrutado pelo antijudaísmo, ancestral do antissemitismo.

No entanto, o tema do unicórnio tende a se açucarar ao longo da Idade Média, figurando sobretudo no panorama maravilhoso do amor. Assim, o Conde Teobaldo IV de Champagne (1201-1253), célebre trovador, apresenta-se em seus poemas como o amante perfeito da grande tradição cortesã. Em um de seus mais famosos poemas, ele identifica-se com o unicórnio:

> Eu fico como o unicórnio
> agitado ao contemplar
> a jovem rapariga que o encanta,
> tão contente de seu suplício
> que exaltado cai em seu colo
> e então é morto por dolo.
> A mim, mataram-me, também sem consolo,
> meu amor e minha Dama, sim, é verdade:
> eles têm o meu coração, que não posso
> reconquistar.

Uma das mais notáveis tentativas de encontrar um lugar para o unicórnio no mundo dos animais reais foi realizada pelo grande teólogo Alberto Magno em seu tratado *De animalibus*, o mais extraordinário estudo medieval sobre os animais. Ele fala sobre o unicórnio, animal com um chifre, sobre um peixe monócero, que só pode ser o narval, e sobre o rinoceronte, que vive nas montanhas e desertos. Porém, Alberto Magno é influenciado pelo mito e afirma que o rinoceronte "adora as jovens virgens e, ao vê-las, aproxima-se e adormece ao seu lado". O unicórnio conseguiu seduzir o teólogo.

O unicórnio medieval não se contenta em alimentar o imaginário dos cristãos da Idade Média. Ele também pode trazer-lhes uma significativa vantagem. Assim como muitas maravilhas medievais, o unicórnio oscila entre o mundo imaginário e o real. A crença em sua existência leva os homens da Idade Média a buscá-lo em um animal existente. Eles acham que podem identificá-lo ou com o narval ou com o rinoceronte. A identificação provém obviamente do fato de esses dois animais possuírem um único chifre. Contudo, enquanto o do narval é apenas material, o do rinoceronte é simbólico, pois no mundo alegórico da Idade Média este animal é uma das encarnações de Cristo.

Mas, afinal, para que serve o chifre do unicórnio? Trata-se de um poderoso antídoto contra o perigo que atormentou os homens e mulheres da Idade Média e que foi de fato largamente praticado naquela época: o veneno. O chifre do unicórnio é um antídoto, podendo curar, prevenir. Donde a sua procura, em especial para as grandes personagens, e sua presença nos tesouros de igreja e príncipes. Aqueles que foram conservados até os dias atuais consistem geralmente em dentes de narval. Dentre os mais famosos supostos chifres de unicórnio que foram acumulados, é preciso citar o do tesouro da Abadia de São Dionísio (hoje no Museu de Cluny, em Paris) e o do tesouro de São Marcos, em Veneza.

No século XVI, o chifre de unicórnio de Saint-Denis figura no inventário feito para o Rei Francisco II (1559-1560). O primeiro artigo deste inventário o descreve assim:

> Um grande unicórnio disposto pela cauda, preenchido com ouro e sustentado pelo pé sobre três cabeças de unicórnio de ouro, pesando somente 17 marcos e 1,5 onça, com um comprimento de 5 pés e 3 polegares, sem contar um pequeno acessório na cauda, o qual junto com as três cabeças de unicórnio citadas pesa 23,5 marcos e estão estimadas em 1.504 escudos.

No século XVI, Jean Bodin escreve em seu *Teatro da natureza universal*:

> Não ouso assegurar aqui a qual das duas bestas, se ao monócero ou ao unicórnio, pertence o chifre que se vê em Saint-Denis, na França;

no entanto, ele tem mais de seis pés de comprimento, sendo tão oco que poderia conter mais de um quarto de litro de licor; atribui-se a ele admiráveis virtudes contra o veneno; ele é comumente chamado unicórnio.

Estas virtudes manifestavam-se através do tato, mas, como o acesso a estes chifres era limitado aos ricos e poderosos, o povo encontrava-os no mercado na forma de pó de unicórnio. A demanda era abundante, mas a oferta conseguia supri-la[1].

Foi no século XV que o unicórnio inspirou a mais bela e célebre obra de arte, que ainda hoje lhe garante uma posição de destaque no imaginário da humanidade. Trata-se da tapeçaria *A dama e o unicórnio*, adquirida em 1882 depois de longas negociações com a municipalidade proprietária do Castelo de Boussac e exposta no Museu de Cluny. Edmond Du Sommerard, em seu catálogo de 1883, acrescenta em um apêndice: "A aquisição mais prestigiosa de sua carreira, que desde então tornou-se a obra mais célebre do Museu de Cluny". Este conjunto de seis tapeçarias representa os cinco sentidos. O unicórnio aparece na tapeçaria alegórica do tato, na qual a Dama coloca a mão sobre o chifre do animal, e na da visão, na qual a mesma segura um espelho onde se reflete a imagem do unicórnio. Porém, o papel essencial do unicórnio neste conjunto é carregar brasões. A divisa destes brasões é *À mon seul désir* (Para o meu exclusivo desejo).

A referência destas imagens simbólicas é, portanto, essencialmente amorosa. Já se comparou o espírito desta obra de arte com o dos sermões do grande teólogo Jean Gerson (1363-1429). Ele define um sexto sen-

---

1. Agradeço a Françoise Piponnier por ter-me transmitido os textos sobre o pó de unicórnio publicados por Gay e Stern no *Glossaire Archéologique*, citado na bibliografia.

tido: o do coração ou do entendimento, que traça um caminho na direção de Deus. Estas ideias, sustentadas pelos humanistas neoplatônicos, como o florentino Marsílio Ficino, por exemplo, difundem-se na França no final do século XV. Nestas tapeçarias também já se viu uma alegoria do casamento, pois elas foram encomendadas com certeza por um membro da grande família lionesa dos Le Viste, no extremo fim do século XV, e talvez para um casamento. Em todo caso, trata-se também, no que diz respeito à arte da tapeçaria, ao pensamento alegórico e à apresentação do unicórnio, da expressão da moda senhorial da virada do século XV para o XVI. O tema repete-se em outras tapeçarias da época, em especial em *A caça ao unicórnio*, exposta no museu dos Cloisters em Nova York. Podemos concluir com Fabienne Joubert: "A tapeçaria por excelência pertence aos campos artísticos em que o fenômeno de moda desempenhou plenamente o seu papel. Portanto, em *A dama e o unicórnio*, vê-se logicamente as preocupações espirituais e artísticas do momento conjugadas com o desejo do patrocinador de afirmar o seu poder através da heráldica".

Como já vimos, a moda do unicórnio continua no século XVI. Ela combina o gosto pela beleza das formas com a pesquisa científica de um maravilhoso real e a busca de suas virtudes de antídoto ou espirituais. Jean Duvet, gravador, ourives e medalhário, dedicou uma importante parte de sua atividade ao unicórnio. Ourives dos reis franceses Francisco I e Henrique II, ele grava, entre outros, as pranchas de *A história do unicórnio* (por volta de 1520) e merece, portanto, já em sua época, o apelido de mestre do unicórnio. Este interesse pelo unicórnio, entre ciência e mito, parece ter-se prolongado no século XVII, tendo em vista que em 1661 o inventário dos bens do estadista francês Mazarin, que foi também um grande colecionador, contém a seguinte menção: "Um chifre de unicórnio de cerca de sete pés de altura com uma bainha de couro marroquino do Levante, vermelha e com um filete de ouro, no valor total de dois marcos".

No século XIX, o unicórnio passou pelo habitual renascimento do imaginário medieval. Ele reapareceu, porém, sobretudo, na pintura simbolista, inspirando verdadeiras obras-primas a Moreau, Böcklin e Davies. Se, graças à Idade Média, o unicórnio instalou-se no imaginário ocidental, seu prestígio se deve sem dúvida à elegância de sua forma e à riqueza de sua potencialidade simbólica, que o insere no gnosticismo, na alquimia, no judaísmo e nas tradições orientais. No Ocidente, o unicórnio parece sobreviver sobretudo enquanto emblema – seja na placa de uma loja, no nome de um barco das histórias em quadrinhos de *Tintim* ou no símbolo do clube de futebol da cidade de Amiens. No entanto, o unicórnio, mais do que outras maravilhas da Idade Média sem dúvida, precisa esperar por novas ressurreições.

Em 1993, o grande escultor dinamarquês Jørn Ronnau fez duas belas esculturas de chifre de unicórnio. Ele declara interessar-se pelo unicórnio enquanto "metáfora soberba do mistério universal da natureza". E cita como fonte de sua inspiração os tratados dos alquimistas "sobre a natureza dos conhecimentos profundos". Vê-se, portanto, que a Idade Média cristã não detém o monopólio do imaginário europeu.

Melusina maternal. Nesta miniatura, Melusina, em forma de serpente alada, aparece com o seu esposo humano na cama, onde procriam no interior do quarto familiar. Ela figura na mesma imagem com uma criança aconchegada em seus braços, enquanto uma outra criança repousa em um berço. Miniatura do Romance de Melusina, de Couldrette, 1401, ms fr. 383, f. 30, Paris, BNF.

11
Melusina

> Com Melusina, uma heroína
> maravilhosa surge em primeiro plano
> neste livro.

O mundo imaginário parece refletir o mundo terrestre que, segundo Georges Duby, teria acolhido essencialmente uma "máscula Idade Média". No entanto, as mulheres medievais, pelo menos certas mulheres, não somente se beneficiaram de um prestígio social e exerceram um grande poder, mas na maior parte das vezes, é verdade, marcaram forte presença no imaginário medieval, através do casal. Não se pode esquecer que a Idade Média é o período em que o cristianismo impôs na Europa a imagem todo-poderosa de uma mulher: a Virgem Maria.

Melusina pertence a um outro grupo interessante de seres do sexo feminino na Idade Média: o das fadas. Para os homens e mulheres medievais, elas são – alguns textos da Alta Idade Média confirmam-no – as descendentes das Parcas da Antiguidade, cujo nome em baixo-latim, *fatae*, revela a ligação com o destino, *fatum*. Essas fadas pouco a pouco foram integradas ao imaginário cristão, que, aliás, as dividiu em boas e más fadas. Embora as fadas medievais sejam essencialmente as autoras de boas – ou más – ações para os homens, sua atividade na sociedade exerce-se na maior parte das vezes através de um casal. Melusina em especial esteve estreitamente ligada à concepção e aos avatares da linhagem na Idade Média. Porém, a complexidade da maioria destas fadas, e principalmente a de Melusina, forneceu a justificativa para uma imagem contrastada e mesmo contraditória da mulher e do casal na Idade Média. As mesmas mulheres, os mesmos casais são tanto os heróis do bem e do mal quanto as personagens de histórias maravilhosamente belas e maravilhosamente horríveis ao mesmo tempo. Nenhuma heroína ilustra melhor do que Melusina a crença de que nenhum ser humano é inteiramente bom ou mau.

A personagem de Melusina surge na literatura latina, depois vernacular, da Idade Média no século XII e no início do XIII. Entre o começo do século XIII e o fim do XIV, essa mulher-fada pouco a pouco adquire de preferência o nome de Melusina, que a associa a uma grande família senhorial do oeste da França: os Lusignan. Em seu livro crítico sobre a corte de Henrique II da Inglaterra, *De nugis curialium*, o clérigo Gautier Map conta a história do jovem senhor Heno dos dentes grandes, que, em uma floresta normanda, encontra uma moça, muito bonita e vestida com roupas reais, em prantos. Ela se abre com ele, relatando que sobreviveu ao naufrágio do navio que a estava levando para a França, com cujo rei ela devia se casar. Heno e a bela desconhecida apaixonam-se, casam-se, e ela lhe dá uma belíssima progenitura. Porém, a mãe de Heno percebe que a jovem, que finge ser devota, evita o começo e o fim das missas, o rito de aspersão da água-benta e a comunhão. Intrigada, ela faz um buraco no quarto de sua nora e surpreende-a tomando banho em forma de dragão e depois retomando a sua forma humana. Informado por sua mãe, Heno traz um padre para aspergir sua mulher com água-benta. Ela pula em cima dos telhados e desaparece no ar guinchando intensamente. De Heno e sua mulher-dragão restará uma numerosa descendência ainda na época de Gautier Map.

Em um outro livro notório, os *Otia imperalia*, do início do século XIII, o clérigo inglês Gervais de Tilbury conta a história de Raymond, senhor do Castelo Rousset, que, à beira de um rio perto de Aix-en-Provence, encontra uma bela dama, magnificamente vestida, que o interpela pelo nome. Ele acaba casando-se com ela sob a condição de não tentar vê-la nua – caso contrário ele perderia toda a prosperidade material que ela lhe tivesse proporcionado. O casal vive feliz, enriquece-se, goza de excelente saúde, tem muitos e belos filhos. No entanto, por curiosidade, Raymond um dia arranca a cortina atrás da qual sua mulher está tomando banho em seu quarto. A bela esposa transforma-se em serpente e desaparece para sempre na água do banho. Somente as amas escutam-na à noite, quando ela volta invisível para ver seus filhos pequenos. Quando mais tarde a história é repetida, na maior parte das vezes, como a iconografia confirma, Melusina foge pela janela ou pelo telhado na forma de dragão alado e volta à noite na forma visível para contemplar seus filhos pequenos.

O tema fundamental da história é a transgressão de uma proibição. Estima-se que a ninfa Urvaçi da mitologia indo-europeia seja a mais antiga heroína de lenda sobrenatural que se casa com um mortal sob determinada condição e que, no dia em que o pacto é quebrado, desaparece para sempre.

Porém, fora o simbolismo da traição, especialmente sensível em uma sociedade feudal fundada sobre a fidelidade, o caráter significativo da história parece-me residir na revelação do caráter original e fundamentalmente diabólico – este é o real significado do dragão ou da serpente – desta mulher-animal que se torna esposa e mãe. O Mito de Melusina propõe sobretudo uma explicação terrivelmente ambígua dos sucessos da sociedade feudal. O que Melusina proporciona ao seu esposo mortal é prosperidade e riqueza, assim como o que os séculos XII e XIII forneceram ao Ocidente: desflorestamento e sobretudo a construção de castelos, cidades e pontes. Enquanto procriadora excepcional, ela encarna ao mesmo tempo o grande aumento demográfico daquele período. Emmanuel Le Roy Ladurie e eu chamamos-na de "maternal e desmatadora". Ela é a fada do feudalismo. Sua imagem parece ser, sobretudo, positiva – ela é boa, ativa, fértil e definitiva e involuntariamente infeliz, infeliz por causa da traição. Porém, os homens da Idade Média eram sensíveis à sua origem diabólica e viam nela uma espécie de Eva que não teria sido redimida.

A grande família real feudal dos Plantagenetas, condes de Anjou que se tornaram reis da Inglaterra no século XII, encarnou aos olhos dos homens da Idade Média a linhagem melusiniana, originalmente poderosa e diabólica, sempre encerrando um desacordo em seu seio: rei e rainha, reis e filhos alimentavam conflitos incessantes. Segundo Giraud de Barri no início do século XIII, o rei da Inglaterra Ricardo Coração de Leão teria respondido àqueles que se espantavam diante destas dissensões internas: "Como é que poderíamos ser de outro jeito? Nós não somos os filhos da *demônia*?"

No século XIV, a estrutura da história de Melusina é bem consolidada. Ela distingue três tempos na aventura: uma fada se casa com um mortal, impondo-lhe o respeito de uma proibição; o casal goza de uma prosperidade esplendorosa enquanto o esposo humano cumprir a sua palavra; o pacto é quebrado: a fada desaparece e, junto com ela, a prosperidade que ela oferecera como dote.

Assim, de acordo com a classificação de Laurence Harf-Lancner, Melusina é o protótipo das fadas amorosas que trazem a felicidade, ao contrário de Morgana, que pertenceria ao tipo de fada que arrasta o seu amante ou esposo humano para o outro mundo, ou seja, a fada da desgraça. Entretanto, como já vimos, a felicidade melusiniana não chega a se libertar completamente do mal original, e Melusina não está longe de uma natureza híbrida de ser humano e animal diabólico.

Um grande momento da história de nossa heroína situa-se no final do século XIV, em uma conjuntura especial. Dois romances são-lhe dedicados: o do escritor João d'Arras, em prosa, destinado ao Duque João de Berry e sua irmã Maria, duquesa de Bar; e o do livreiro Coudrette, composto em versos.

O romance toma como ponto de partida a transgressão da proibição e a maldade. Pressina, mãe de Melusina, fizera Elenas, seu esposo e rei da Albânia (antigo nome da Escócia), o qual ela encontrara caçando em uma floresta, jurar que não assistiria aos seus partos. Porém, Elenas rompe a promessa, e Pressina, após dar à luz três filhas – Melusina, Melior e Palestina – desaparece e retira-se com suas filhas na Ilha de Avalon (vemos aqui a contaminação do Mito de Artur). Quando completam quinze anos, as filhas descobrem a traição do pai e, para puni-lo, prendem-no dentro de uma montanha, mas são por sua vez punidas porque não tinham o direito de infligir este castigo ao seu pai. A punição de Melusina consiste em se transformar em serpente todos os sábados. Se se casar com um mortal, ela própria se tornará mortal, mas, se seu marido a vir sob a forma que adota aos sábados, ela voltará ao seu tormento. Nos arredores de uma fonte, Melusina encontra Raimondin, filho do conde de Forez, que acabara de matar o seu tio, o conde de Poitiers, durante a caça ao javali. Melusina promete-lhe, se ele se casar com ela, que vai ajudá-lo a superar este acidente criminoso e trazer-lhe felicidade, riqueza e uma abundante progenitura. Porém, ele deve jurar que nunca tentará vê-la no sábado. Casada com

133

Raimondin, Melusina desmata, constrói cidades e castelos medievais, a começar pelo Castelo de Lusignan. Eles têm dez filhos, que se tornam poderosos reis, mas todos apresentam um defeito físico, uma mancha no corpo, uma marca animal, etc. Coudrette interessa-se principalmente pelo sexto desses filhos, Geoffrey do Dente Grande, uma mistura de bravura e crueldade, que inclusive queima o monastério e os monges de Maillezais, em Poitou.

No entanto, historicamente – no contexto das Cruzadas –, os senhores de Lusignan tornaram-se reis de Chipre e até erigiram um reino, a Armênia Menor, sobre o solo da Anatólia. O Rei Leão de Lusignan é deposto pelos muçulmanos, que tomam o poder. Ele refugia-se no Ocidente e procura suscitar a aliança dos reis e príncipes cristãos para reconquistar o seu reino da Armênia. Ele morre em Paris, sem tê-lo conseguido, em 1393. Porém, sua ação em favor de uma cruzada armênia inscreve-se em uma efervescência mais ampla da cristandade de então, que se propunha uma cruzada geral contra os muçulmanos. Em 1396, uma tentativa acaba resultando no desastre de Nicópolis, no qual o exército dos cruzados cristãos é massacrado e destruído pelos turcos no que é hoje a Bulgária.

Esta atmosfera de cruzada impregna o espírito dos romances de João d'Arras e Coudrette, inspirando especialmente um novo e bem desenvolvido episódio em que a heroína é a irmã de Melusina, Palestina. Como punição pelo tratamento infligido a seu pai, esta última fora presa com um tesouro dentro da montanha de Canigou, nos Pireneus. Um dia, um cavaleiro da linhagem dos Lusignan vem libertá-la, receber o tesouro e utilizá-lo para reconquistar a Terra Santa. Isto é o que Geoffrey do Dente Grande emprega todos os meios para fazer no romance de Coudrette.

Todavia, na literatura e imaginário germânicos surge um par masculino de Melusina: o

Cavaleiro do Cisne. Esta personagem sobrenatural saída da água casa-se com uma mortal, fazendo-a jurar que respeitaria uma proibição. A esposa infringe-a, e ele a abandona para sempre. Este é o protótipo de Lohengrin, figura que obtém grande repercussão com Wagner. Veremos, porém, com a Valquíria o encontro entre o imaginário cristão e o germânico, além do papel de Wagner em seu renascimento e reforma.

O grande sucesso europeu de Melusina provém da tradução do romance de Coudrette em 1456 por um alto funcionário de Berna: Thüring von Ringoltingen. Essa tradução alemã imediatamente alcança grande êxito graças à imprensa (são conhecidos onze incunábulos, dos quais sete foram conservados) e à divulgação. O livrete de divulgação *Historie der Melusine* é impresso várias vezes do final do século XV ao início do XVII, em Augsburgo, Estrasburgo, Heidelberg e Frankfurt. E mais: multiplicam-se as traduções nos séculos XVI, XVII e XVIII. A tradução dinamarquesa editada em 1613 em Copenhague teve um grande sucesso, e houve diversas traduções islandesas. Uma tradução polonesa foi feita no século XVI, e uma tcheca, publicada em Praga no final do século XVI e reeditada cinco vezes. Duas traduções em russo foram realizadas de modo independente no século XVII. A história de Melusina teve grande repercussão nos países eslavos; ela virou peça de teatro e difundiu-se no folclore e na arte popular. Segundo Claude Lecouteux, "na Europa Central, Melusina transforma-se em gênio do vento".

Na área cultural germânica, a adaptação teatral da lenda de Melusina feita em 1556 pelo célebre escritor e artista popular Hans Sachs consiste em uma peça de teatro com 25 personages e sete atos.

No entanto, no século XVI, a fixação terrestre real do Mito de Melusina no Ocidente desaparece. Sede da resistência de seus senhores no poder real durante as guerras de religião, o Castelo de Lusignan foi demolido por Henrique III em 1575, e a Torre Melusina, que sobrevivera, foi derrubada por sua vez em 1622. Ela subsiste na lenda e na admirável miniatura do século XV das *Riquíssimas horas do duque de Berry*.

Melusina também se beneficiou do renascimento romântico da Idade Média. Sua mais notável expressão, mais do que a adaptação de Tieck em 1820, são os fragmentos da adaptação que Achim von Arnim empreendeu com muito ardor, mas deixou inacabada em 1831, data de sua morte.

Nos séculos XIX e XX, a lenda de Melusina tirou proveito da semelhança de uma fada aquática que alcançou um grande sucesso: Ondina. *Ondina*, de La Motte-Fouqué (1811), é sucedida no início do século XX pela peça de Jean Giraudoux, sempre sensível ao charme das lendas germânicas. O que une Ondina e Melusina é o mito da água. Porém, Melusina é uma heroína cósmica, bem mais ligada à natureza em geral. Além de heroína aquática, ela é uma heroína silvestre e, graças às suas asas de dragão e seus voos noturnos, uma fada celeste. Na época moderna e contemporânea, uma corrente poética, de Nerval a Baudelaire e André Breton, não cessa de dar eco aos "gritos da fada" medieval. Melusina, mãe e amante, obceca *Arcano 17*, de André Breton[1].

A época recente forneceu uma nova imagem a Melusina, que se tornou "um modelo de existência feminina" – na Dinamarca, o Círculo de Pesquisa sobre a Mulher adotou Melusina como emblema.

---

1. Edições sucessivas aumentadas em 1945, 1947, 1971, 1975 na Coleção 10/18 e 1992 no *Livre de poche Biblio*. Cf. BRUNEL, P. Mélusine dans *Arcane 17* d'André Breton. In: BOIVIN, J.-M. & MACCANA, P. *Mélusines continentales et insulaires*. Paris: Honoré Champion, 1999, p. 327-342.

Antes de virar este avatar feminista, Melusina ocupa um lugar de destaque no imaginário europeu proveniente da Idade Média, e isso graças a duas características. De um lado, ela combina o positivo e o negativo no interior das relações entre seres humanos e sobrenaturais. Inicialmente fadas boas que trazem riqueza, filhos e felicidade aos humanos, as Melusinas acabam se tornando diabólicas. No século XVI, o famoso alquimista Paracelso legou à posteridade a seguinte imagem diabólica de Melusina: "As melusinas são filhas de reis desesperadas por causa de seus pecados. Satã sequestra-as e transforma-as em espectros". A segunda característica é o fato de Melusina ser o elemento essencial de um casal. Ela se manifesta através de um amante-esposo e realiza perfeitamente o casal fada-cavaleiro, com seus sucessos e fracassos. Esta fada do feudalismo transmitiu ao imaginário europeu o sentido do sucesso e do fracasso da sociedade feudal e o dos riscos, a um prazo mais longo, da sociedade ocidental. Ela mostra que o cavaleiro de ontem e o capitalista de hoje proporcionam prestígio e êxito à sociedade ocidental, mas também têm um pacto com o diabo[2].

---

2. Cf. o belo artigo de GUERREAU-JALABERT, A. Des fées et des diables – Observations sur le sens des récits "mélusiniens" au Moyen Âge. In: BOIVIN, J.-M. & MACCANA, P. *Mélusines continentales et insulaires*. Op. cit., p. 105-137.

Nascimento de Merlin. Merlin é filho de uma princesa engravidada durante o sono por um demônio íncubo. Um bando de demônios fazendo algazarra dança durante a cena, mostrando a potência sexual e maléfica dos demônios sobre as humanas. A imagem enfatiza o caráter metade diabólico de Merlin. Merlin, de Robert de Boron, século XIII, ms fr. 95, f. 113v., Paris, BNF.

12
Merlin

Enquanto Artur é uma personagem
de origem provavelmente histórica,
Merlin é um produto da literatura.

Seu sucesso decorre, porém, de sua estreita e precoce associação com Artur. No imaginário medieval e ocidental, ele está intimamente ligado ao rei maravilhoso, ao cavaleiro da Távola Redonda e, de modo geral, ao mundo heroico e maravilhoso da cavalaria.

Merlin é essencialmente uma criação de Geoffrey de Monmouth, que em 1134 dedica-lhe a *Prophetia Merlini*, representa-o na *Historia Regum Britanniae* (1138) ao lado de Artur e por fim escreve *Vita Merlini* (1148). Merlin foi comparado, já a partir da Idade Média, a uma personagem chamada Ambrosius, que, na *Historia Britonum* dos séculos VIII-IX, é um profeta de pai desconhecido que anuncia o futuro dos bretões. Além disso, uma tradição popular galesa, transmitida oralmente, prefigura Merlin através do bardo galês Myrrdin.

Três elementos fornecem o significado e as bases do sucesso da personagem de Merlin. Primeiro, o seu nascimento. Em vez de filho de pai desconhecido, ele logo se torna, em uma perspectiva cristã, filho de uma mortal e de um demônio íncubo. Esta paternidade duvidosa confere-lhe poderes excepcionais, mas um caráter de origem diabólica. Ele realmente pertence ao tipo de herói dividido entre o bem e o mal, entre Deus e satã. Sua segunda característica é o fato de ser um profeta. E este dom de profecia é colocado a serviço do Rei Artur e dos bretões. Como na história da Grã-Bretanha estes últimos cedem o primeiro lugar aos anglo-saxões e depois aos anglo-normandos, que buscam absorver o conjunto das heranças étnicas das ilhas britânicas, Merlin passa a ser a figura-mor de um nacionalismo britânico. Por fim, teria sido o verdadeiro inventor da Távola Redonda e levado Artur a criá-la – ele teria ensinado as virtudes cavaleirescas ao rei e à sua elite de cavaleiros.

Outro episódio literário essencial é a anexação de Merlin pelo romance arturiano em prosa do século XIII. É inicialmente em *Merlin*, de Robert de Boron, e depois em *Merlin-Vulgate* que a personagem de Merlin evolui. O Merlin profeta ainda estava estreitamente ligado à magia céltica e pagã. Ele teria, por exemplo, transportado da Irlanda as gigantescas pedras do monumento de Stonehenge, perto de Salisbury, e se apresentado como um herói em momentos de loucura nos quais dava um riso do outro mundo.

O Merlin do século XIII é antes de tudo um mágico e intérprete de sonhos. Ele povoa com maravilhas o reino arturiano de Logres, por exemplo. Ele engaja-se cada vez mais na busca coletiva do Graal, aliás. O *livro do Graal* tal como o define o autor (por volta de 1230-1240) está, de acordo com Paul Zumthor, "no cerne da imagética arturiana e sem dúvida no do imaginário dos homens de 1250". Segundo Emmanuelle Baumgartner, trata-se de um outro Graal aqui, não divino, mas sim diabólico, "do desejo diabólico que leva o homem a saber, a forçar os segredos de Deus, a mudar o destino". Porém, o conhecimento permanece proibido, e "Merlin agoniza interminavelmente na perigosa floresta por ter transmitido seus segredos aos homens e prestado à Dama do Lago um poder que Deus não lhe concedera apenas para continuar tendo o controle total". Merlin encarna, portanto, o profeta que causa o seu próprio infortúnio e o herói da maldição da profecia na ideologia cristã. No entanto, sua ambivalência, manifestada anteriormente pela luta dentro de si entre o bem e o mal, revela-se a partir de então através de um conflito entre o seu poder e a sua fraqueza. De fato, ele sucumbe ao poder da fada que o hipnotizou: Niniane, que se torna Viviane, a Dama do Lago. Viviane prende-o para sempre em uma gruta ou uma prisão aérea ou submarina. Merlin também é um herói ligado ao espaço, à floresta, onde gostava de morar quando estava livre, ao ar ou à água, onde leva uma existência de prisioneiro perpétuo. A floresta que na Idade Média foi considerada como a moradia favorita de Merlin é a floresta bretã de Broceliande, identificada com a atual Floresta de Paimpont, no departamento francês Ille-et-Vilaine. Merlin também é uma figura que marca lugares.

Mesmo sendo mágico, Merlin não abandona o mundo da profecia, dando origem a muitos presságios políticos que agitam o Ocidente nos séculos XIII e XIV, especialmente na Itália, onde ele está ao lado dos Guelfos contra os Gibelinos, e em Veneza, onde sua imagem é influenciada pelas ideias milenaristas dos discípulos de Joaquim de Flora.

Paralelamente ao dom de profecia e de magia, o mito posterior do herói Merlin conservou menos a imagem do amor e mais especificamente do casal amoroso que marcou bastante os homens e mulheres da Idade Média. Em um primeiro momento, Merlin está apaixonado por Niniane, filha de um senhor que mora em um castelo na Floresta de Briosque e afilhado da deusa Diana. Niniane enfeitiça o mago, que lhe conta todos os seus segredos; ela pode assim fazê-lo dormir quando ele vem para conquistar o seu amor e acaba prendendo-o em um castelo na Floresta de Broceliande. Merlin passa o resto de sua vida com sua companheira prisioneiro de uma muralha de ar e folhagens. Segundo Laurence Harf-Lancner, Niniane é uma figura de Viviane, fada do tipo "morganiano", ou seja, uma fada que leva o seu amante para o outro mundo. Na segunda versão, a história dos amores de Merlin e Viviane é bem mais sombria. Viviane, reencarnação aberta de Diana, faz Merlin dormir e transporta-o para uma tumba cuja entrada ela tranca para sempre. Na reflexão sobre o casal amoroso e o amor sustentada pelos homens e mulheres do século XIII, a imagem de Merlin compõe uma visão pessimista. Embora, nos limites da comédia, Merlin tenha-se tornado um membro da confraria dos sábios enganados por uma mulher, o seu amor é apresentado sobretudo "como uma paixão fatal, e seu terrível fim tem valor de castigo" (Laurence Harf-Lancner).

No século XVI, as profecias de Merlin são definitivamente desconsideradas. Rabelais ainda faz dele um profeta a serviço do Rei Gargântua. Porém, o Concílio de Trento condena as suas profecias, que desaparecem no continente europeu, mas continuam vigentes na Inglaterra. Depois de 1580, as citações de suas profecias somem quase por completo da literatura continental.

O romantismo retoma Merlin. Em 1832, K.L. Immermann dedica-lhe um drama, *Merlin eine Mythe*, que Goethe elogiava como "um outro Fausto". A obra mais surpreendente é *Merlin l'Enchanteur* (1860), de Edgar Quinet. Esta estranha obra, várias vezes evocada por Michelet, amigo do autor, combina o gosto pelas lendas, o patriotismo e o anticlericalismo de Quinet. Este último considera Merlin como "o primeiro patrono da França" e uma encarnação do espírito francês. Merlin é impelido em sua fibra mais íntima ao mesmo tempo pelo céu e pelo inferno, por uma alegria sobre-humana e uma melancolia próxima do desespero. Para executar suas maravilhas, escolhe como lugar um vilarejo situado em uma ilha do Rio Sena, que ele transforma em Paris. Ao voltar de Roma, ele não reconhece mais a França, que entrou em um novo tempo histórico: o Renascimento. Ele "entumba-se" então com Viviane, e "só lhe resta o poder de povoar de sonhos o seu sono eterno" (Paul Zumthor). Na realidade, o Merlin romântico constituía uma condenação, um distanciamento do Merlin medieval.

Mais surpreendente ainda é o renascimento de Merlin no seio de um *revival* da cultura céltica antiga. O grande ator deste renascimento é Théodore Hersart de la Villemarqué, célebre aluno da École des Chartes e poeta, com *Barzaz Breiz*, sua famosa coletânea de velhas canções bretãs, que foi publicada em 1839 e provocou uma amarga polêmica. O autor enfatiza no subtítulo a ligação entre este renascimento bretão e o imaginário medieval: "Conto popular dos antigos bretões precedido por um ensaio sobre a origem das epopeias cavaleirescas da Távola Redonda". Michel Zink selecionou os quatro poemas do *Barzaz Breiz* dedicados a Merlin: I. Merlin no berço; II. Merlin adivinho; III. Merlin bardo; IV. Conversão de Merlin. Para coroar suas pesquisas e reflexões sobre Merlin, Hersart de la Villemarqué publica em 1862 o livro que marca o apogeu do ressurgimento romântico e celtizante de Merlin: *Myrrddhin ou l'enchanteur Merlin: son histoire, ses oeuvre, son influence* (*Myrrdin ou o mago Merlin: sua história, suas obras, sua influência*).

A partir de 1860, há um certo apagamento de Merlin na literatura, embora ele possa ser encontrado em poemas de Tennyson. Na primeira metade do século XX, há um despertar de Merlin com o obscuro *Enchanteur pourrissant* (*Mago em putrefação*) de Apollinaire e *Os cavaleiros da Távola Redonda*, de Cocteau. Em maio de 1941, *Merlin l'Enchanteur*, de Émile Roudier, é representado no Teatro Odeon. Como muitos heróis e maravilhas da Idade Média, Merlin ganha uma nova vida com o cinema e o universo infantil.

Enquanto o mago de barba branca encontra o seu lugar nos filmes dos cavaleiros da Távola Redonda, o mágico fornece a Walt Disney um dos personagens mais bem-sucedidos de seus desenhos animados para os jovens.

Paul Zumthor considera que "a Lenda de Merlin está em vias de extinção", e que Merlin está desaparecendo do imaginário ocidental. Porém, nesta história em que as metamorfoses, reminiscências e reaparecimentos são tão frequentes, quem pode ousar dizer adeus ao mago profeta?

13
O Bando Hellequin

> O herói coletivo maravilhoso do
> Bando Hellequin
> nos introduz no mundo dos mortos
> e do céu.

E também no do feudalismo, pois o Bando Hellequin é, de um lado, a imagem de uma família feudal e, de outro, a de uma tropa de caçadores ou guerreiros. Eles apresentam duas características: a solidariedade entre o chefe e os membros do bando e o furor da tropa, expresso pelo nome alemão do Bando Hellequin: *wütende Heer*, exército furioso, ou *wilde Jagd*, caça selvagem. O Bando Hellequin introduz no imaginário medieval e ocidental fantasmas que gemem, gritam e são atormentados, formando a imagem de um além tumultuoso e agressivo.

Desconhece-se a origem do nome de Hellequin, o estudo etimológico não deu resultados satisfatórios, e a explicação elaborada no século XIII que troca Hellequin por Kerlequin também não faz sentido[1]. Uma outra característica deste curioso herói do imaginário medieval, como veremos, é o fato de, nos séculos XVI

---

1. Os especialistas acreditam que a origem do nome é germânica e refere-se, de um lado, ao exército (*Heer*) e, de outro, à assembleia de homens livres que são os únicos a terem armas (*Thing*).

e XVII, ter definitivamente cedido o seu lugar a uma personagem bem diferente: Arlequim.

O Bando Hellequin aparece em um texto do início do século XII, *A história eclesiástica* (em latim), do monge anglo-normando Orderic Vital (1075-1142), que vivia na Abadia de Saint-Evroult, na Diocese de Lisieux, na Normandia. Ele conta, no ano de 1091, uma história da qual teria tido conhecimento através de uma testemunha, um jovem padre chamado Walchelin. Na noite do dia 1º de janeiro de 1091, Walchelin, ao voltar de uma visita a um doente de sua paróquia, estando sozinho e longe de qualquer casa, escutou o estardalhaço "de um exército imenso". Tendo-se abrigado atrás de árvores e ficando na defensiva, ele viu surgir um gigante armado de um porrete, que lhe ordenou permanecer no mesmo lugar para assistir ao desfile do exército por levas sucessivas. O primeiro grupo era formado por uma "imensa tropa de pedestres com animais de carga transportando roupas e utensílios diversos, como se se tratasse de ladrões com seu butim". Eles apressam-se gemendo, e o padre reconhece vizinhos recém-falecidos dentre eles. O segundo grupo compõe-se de um bando de coveiros carregando macas sobre as quais há anões cuja cabeça é enorme; dois demônios negros, etíopes, e um terceiro demônio trazem – e torturam ao mesmo tempo – um homem berrando de dor. Walchelin reconhece-o: trata-se do homem que assassinou o Padre Estêvão e morreu sem ter expiado o seu crime. Segue-se uma multidão de mulheres a cavalo, sentadas como amazonas em selas providas de pregos ardentes, sobre os quais elas recaem depois de serem levantadas pelo vento, enquanto seus seios são perfurados por outros pregos em brasa. Walchelin reconhece dentre elas várias mulheres nobres que viveram em meio ao luxo e à luxúria. Em seguida vem "um exército de clérigos e monges conduzido por bispos e abades empunhando seus báculos e vestidos de negro". Eles pedem que Walchelin reze por eles. Estupefato, o padre reconhece eminentes prelados, que ele acreditava terem muitas virtudes. O grupo seguinte apresenta a mais longa e precisa descrição, o que se justifica pelo fato de ele ser o mais terrível. Trata-se do exército de cavaleiros, todo negro e cuspindo fogo, galopando sobre cavalos imensos e brandindo estandartes negros. O padre reconhece vários deles.

Walchelin busca capturar um dos cavaleiros para saber um pouco mais sobre aquilo tudo e poder dar um testemunho de sua aventura. Um primeiro escapa-lhe deixando uma marca em seu pescoço, mas o segundo é o próprio irmão de Walchelin. Ele revela que, apesar de seus pecados, ele mesmo e o pai deles têm chances de escapar do inferno eterno. Para que o irmão possa deixar o exército dos mortos será preciso que o padre ore, reze missas e peça esmola. Aliás, o próprio Walchelin deve aumentar suas devoções, pois morrerá em breve. Na realidade, o padre vive ainda uns quinze anos, o que permite a Orderic Vital transcrever o seu testemunho.

Esta história, destinada a ser um exemplo edificante para o uso dos pregadores, mostra bem a função desta tropa maravilhosa. O Bando Hellequin é antes de tudo uma crítica da sociedade feudal. Como diz Jean-Claude Schmitt, ele é "o correspondente infernal do exército feudal". Ele é, por outro lado e sobretudo, uma imagem assustadora para incitar os humanos a combaterem os seus pecados no intuito de evitarem as torturas do inferno. Como diz Orderic Vital, esta visão mostra Deus submetendo os pecadores "às diversas purificações do fogo purgativo". Assim, este texto manifesta a necessidade dos homens e mulheres do início do século XII de uma reforma da geografia do além e de práticas religiosas que lhes permitissem escapar, na medida do possível, às torturas eternas do inferno. Talvez o surgimento de um terceiro lugar do inferno – o purgatório, destinado à salvação mais ou menos rápida de pecadores de segunda ordem – nas crenças oficiais da Igreja no final do século XII seja uma resposta ao estado de espírito revelado por este texto. O morto que Walchelin tenta reter antes de encontrar o seu irmão não seria afinal um usurário, ou seja, um dos que mais se beneficiam, a partir do século XIII, da remissão concedida pelo purgatório? Nestas condições, seria mais fácil compreender o desaparecimento quase total do Bando Hellequin depois do século XIII[2].

O texto de Orderic Vital mostra bem como o tema do Bando Hellequin é um bom meio de expressão para a crítica social. Como diz Jean-Claude Schmitt, ele permite ainda melhores "utilizações políticas". É o caso do clérigo inglês Gautier Map, que, em seu panfleto *De nugis curialium*, critica acirradamente a corte do rei da Inglaterra Henrique II, cujos deslocamentos incessantes ele compara aos do Bando Hellequin. O autor procura explicar o nome desconcertante de Hellequin e a origem de seu bando, que visivelmente se refere à época em que a Grã-Bretanha era povoada pelos celtas. O nome proviria do do rei dos antiquíssimos bretões, o Rei Herla, que concluíra um pacto com o rei dos "pigmeus", ou seja, o rei dos anões, o rei dos mortos. O rei dos anões compareceu ao casamento de Herla com a filha do rei dos francos e deu imensos presentes ao seu anfitrião. Um ano mais tarde, Herla visita por sua vez a caverna onde fica o suntuoso palácio do anão, que também está celebrando suas bodas. Herla volta para casa carregado de presentes que convêm a qualquer rei feudal: cavalos, cachorros, falcões, etc. O rei dos

---

2. Permito-me indicar meus próprios estudos: *O nascimento do purgatório* (Lisboa: Estampa, 1995) e *A bolsa e a vida: a usura na Idade Média* (São Paulo: Brasiliense, 1986).

anões também lhe dá um pequeno cachorro, *canis sanguinarius*, ou seja, *bloodhound* em inglês, *bulldog*. Herla terá de levá-lo sobre o seu cavalo e tomar cuidado de não descer antes do cachorro se não quiser virar poeira. Ao sair da caverna, ele descobre que se passaram dois séculos desde a sua partida, e não três dias, como pensava. Os saxões substituíram os bretões no comando do país. Herla é condenado a vagabundear perpetuamente com seu exército, pois só assim o cachorro não descerá do cavalo. Esta história é um conto sobre a diferença de duração entre o tempo terrestre e o do além, mas sobretudo uma fixação na história inglesa dos fantasmas celestes do século XII. O Bando Hellequin é o mito da vagabundagem dos espectros em um mundo onde ainda não há um lugar específico para eles (o purgatório).

A *militia Hellequini*, ou seja, o exército de Hellequin, reaparece na autobiografia do monge cisterciense Hélinand de Froidmont, morto em 1230 na Diocese de Beauvais. Ele fala sobre um clérigo que, tendo visto durante a noite um companheiro recentemente falecido, pergunta-lhe se ele faz parte da *Militia Hellequini*. O defunto nega, acrescentando que esta, aliás, cessou há pouco tempo a sua vagabundagem, pois terminara a sua penitência. Ele diz por fim que a denominação popular *Hellequinus* está equivocada, pois o verdadeiro nome do rei é Karlequinus, derivado de Carlos V, rei que expiara os seus pecados durante muito tempo e só recentemente fora liberado graças à intervenção de São Dionísio. O que é interessante neste texto é o fato de ele ajudar a datar um certo esquecimento do Bando Hellequin no imaginário medieval, provavelmente ligado à difusão do purgatório. Já se discutiu muito sobre o rei a que podia referir-se o termo Karlequinus. Houve a suposição de que se tratasse de uma inserção tardia do nome do rei da França Carlos V, da segunda metade do século XIV, neste texto do século XIII. Acredito que a tradução de Carlos V seja ruim e que se trate simplesmente de Carlos Magno. Seria mais uma alusão ao seu famoso pecado, que atormentou as imaginações, seguindo o hábito que fazia com que a sombra de um grande erro pairasse sobre o brilho das virtudes e do comportamento maravilhoso dos heróis da Idade Média[3]. Assim, o bando Hellequin, purgatório "itinerante", ter-se-ia sedentarizado no além.

Em seu tratado *De universo*, escrito entre 1231 e 1236, o bispo de Paris Guilherme de Auvergne, grande teólogo, questiona-se sobre a natureza destes cavaleiros noturnos, os quais segundo ele chamam-se em francês *"Mesnie Hellequin"* e em espanhol, *Huesta antigua* (*Exercitus antiquus*), "o exército antigo". Será que se trata de almas de cavaleiros sofredores ou de demônios? Guilherme de Auvergne, retomando a teoria de Santo Agostinho, que imaginara que a purgação dos pecados após a morte pudesse ser feita na terra, considera o Bando Hellequin como a liberação periódica das almas de um purgatório situado no céu terrestre.

Uma contaminação interessante já aproximou Hellequin de Artur. Já vimos que Artur foi, no imaginário medieval e pós-medieval, um rei dos mortos; ou melhor, um rei adormecido, esperando o seu despertar nesta terra, fosse na Ilha de Avalon na versão céltica ou no Etna na italianizada, presente no início do século XIII na obra de Gervais de Tilbury. O dominicano Estêvão de Bourbon, do convento dominicano de Lião, na metade do século XIII, evoca a caça de cavaleiros que se chama *familia Allequini vel Arturi*, ou seja, o bando de Hellequin ou de Artur. E conta a história de um

---

3. Estou seguindo aqui os resumos de Jean-Claude Schmitt em *Os vivos e os mortos na sociedade medieval*. São Paulo: Companhia das Letras, 1999.

camponês da região do Jura que vê passar uma matilha de cães e uma tropa de caçadores a cavalo e a pé, os quais ele segue até o magnífico palácio do Rei Artur.

Este *exemplum* prova a intrusão do Bando Hellequin no mundo da fantasia popular. Outra prova disto é *Le jeu de la feuillée* (O jogo da folhagem), de Adam de la Halle, representado no teatro em Arras por volta de 1276, quando aparece uma personagem enviada por Hellequin: Croquesos. Estas aparições provam ao mesmo tempo a folclorização do Bando Hellequin e a sua evolução entre a diabolização e o grotesco. Isto porque um acessório altamente significativo introduz-se no imaginário medieval: a máscara. Os heróis podem a partir de então estarem mascarados, e as maravilhas podem consistir em mascaradas, o que ocorre com o Bando Hellequin em um texto e nas miniaturas que o ilustram do início do século XIV. Trata-se do *Romance de Fauvel*, de Gervais du Bus[4]. Uma adição feita em 1316 por um certo Raoul Chaillou teria suscitado a inserção de uma cena do romance que se tornou célebre: uma algazarra. E, explicitamente, as personagens que encarnam os responsáveis por esta algazarra seriam membros do Bando Hellequin. Assim, este último parece acabar fazendo, atrás de máscaras e com furor, tumultos grotescos, e não mais cavalgadas noturnas. Dali para frente, ele aparecerá no imaginário francês apenas como uma alusão, com Philippe de Mézières, autor moralizador de *Songe du vieil pèlerin* (Sonho do velho peregrino, 1389); ou com Rabelais (1548); ou na nova forma do cavaleiro selvagem, que teria, no início do século XVII, época do Rei Henrique IV, assombrado a Floresta de Fontainebleau. Porém, o historiador Pierre Matthieu, que conta a maravilha em 1605,

---

4. BENT, M. & WATHEY, A. (orgs.). *Fauvel Studies*. Oxford: Clarendon Press, 1998.

não escutara mais falar do Bando Hellequin e refere-se a uma tropa perfeitamente cristianizada, a "caça Santo Huberto".

O que sem dúvida concluiu o desaparecimento de Hellequin e de seu bando, exceto em alguns cantos do folclore, foi a troca do nome e, justamente por isso, da personagem, por um recém-chegado do imaginário: Arlequim. A primeira representação de Arlequim data do século XVII e, com ele, um novo mundo imaginário instaura-se na Europa: a *commedia dell'arte*. O assustador Hellequin é sucedido por um divertido Arlequim. No entanto, sob a etiqueta de *wilde Jagd* ou *wütende Heer*, a caça selvagem celeste continua viva no imaginário germânico. Encontramos-na na pintura de Cranach (1532), no século XVI na obra do mestre cantor Hans Sachs de Nuremberg, que em 1539 dedica um longo poema à *wütende Heer*, a qual ele transforma em um exército de ladrõezinhos que pagam pelos grandes malfeitores e são condenados a vagabundear no céu terrestre até que a justiça reine finalmente com o Julgamento Final.

O Bando Hellequin seria, portanto, o exemplo de um herói e de sua tropa maravilhosa que teria desaparecido do imaginário europeu. Porém, em nossa época, na qual os seres maravilhosos, bons e maus, multiplicam-se no céu da ficção científica, não há ou não haveria dentre os marcianos os últimos sobreviventes do Bando Hellequin?

14
A Papisa Joana

> A Papisa Joana é uma heroína escandalosa e ao mesmo tempo uma mulher maravilhosa, produto do imaginário medieval.

A história surge no final do século XIII, e vou resumi-la de acordo com o belo livro de Alain Boureau. Por volta de 850, uma mulher nativa de Mainz, mas de origem inglesa, traveste-se a fim de seguir o seu amante, muito dedicado aos estudos e prometido, portanto, a um mundo exclusivamente masculino; ela própria alcança ótimos resultados neste meio, a ponto de, após uma estadia de estudos em Atenas, receber em Roma uma acolhida calorosa e admirativa que lhe permite entrar na hierarquia da Igreja e, por fim, ser eleita papa. Seu pontificado dura mais de dois anos e é interrompido por um escândalo: Joana, que não renunciou aos prazeres da carne, fica grávida e morre durante uma procissão entre as basílicas de São Pedro do Vaticano e a de São João do Latrão, após dar à luz uma criança publicamente. Diversas versões da história produzem vestígios, provas, uma memória da papisa: desde aquele tempo, verifica-se manualmente o sexo dos papas durante o coroamento. As procissões pontificais abandonariam o caminho direto do Vaticano a Latrão na altura da Igreja de São Clemente, no intuito de evitar o local do parto. Uma estátua e uma inscrição naquele lugar teriam perenizado a lembrança deste deplorável incidente.

Esta papisa não existiu. Joana é uma heroína imaginária. Contudo, ela foi objeto de uma crença, oficial e popular ao mesmo tempo, entre 1250 e 1550, tendo dado origem a um objeto cultual e a um rito na Igreja cristã durante este período. Ela encarnou o medo da mulher difundido pela Igreja e sobretudo o medo de uma intrusão feminina na própria Igreja. No mesmo movimento pelo qual garantia a onipotência do papado, a Igreja construía a contraimagem do papa: a papisa. O excelente medievista brasileiro Hilário Franco Jr., em um livro sobre as utopias medievais que será publicado futuramente, propõe enxergar na história da Papisa Joana a utopia da androginia. Considero esta personagem mais como uma rejeição do outro sexo do que como sua anexação. Foi o século XIII que impôs a papisa à Igreja e à história. Alain Boureau, o grande historiador da Papisa Joana, mostra bem o papel desempenhado nesta construção pelo que ele chama de rede dominicana. A Papisa Joana surge primeiro na obra do dominicano João de Mailly (1243); depois em *Speculum historiale* (O espelho historial), do dominicano Vicente de Beauvais, enciclopedista favorito de São Luís (por volta de 1260). Mas foi um outro dominicano, Martinho de Opava (nativo de Opava, na Boêmia, frade do convento dominicano de Praga, dependente da Província Polaca), capelão e penitenciário pontifical, que garantiu o destino da Papisa Joana em sua *Chronicon Pontificum et Imperatum* (*Crônica dos papas e imperadores*, por volta de 1280). A Papisa Joana aparece na mesma época na obra dos dominicanos autores de coletâneas *d'exempla*, Estêvão de Bourbon e Arnoldo de Liège.

Eis o texto de Martinho de Opava:

> Após o último Leão [Leão IV], João, de nacionalidade inglesa, originário de Mainz, foi

papa durante dois anos, sete meses e quatro dias. Morreu em Roma, e o papado ficou vago durante um mês. Pelo que se diz, ele era uma mulher; em sua adolescência, ela fora conduzida a Atenas, vestida de homem, por aquele que era seu amante; fizera muitos progressos nas diversas ciências sem que ninguém a houvesse igualado; foi assim que em seguida pôde ensinar em Roma o *trivium* [as artes literárias] e teve como discípulos e ouvintes altos magistrados. E, tendo em vista que sua conduta e ciência gozavam de uma grande reputação na cidade, elegeram-na papa por unanimidade. Porém, durante o seu pontificado, seu companheiro engravidou-a. Como ela/ele ignorava o momento em que devia parir, quando se estava dirigindo para Latrão, vindo de São Pedro, tomada pelas dores do parto entre o Coliseu e a Igreja São Clemente, ela deu à luz uma criança e depois morreu, no exato lugar onde foi enterrada. E, já que o senhor papa sempre desvia nesta parte do trajeto, acredita-se geralmente que ele o faz por repugnância a este acontecimento. Ela não foi inscrita no catálogo dos santos pontífices em função da não conformidade do sexo feminino neste domínio.

Por volta de 1312, no momento em que se começa a atribuir um número aos soberanos, Tolomeu de Lucca, outro dominicano e discípulo de Santo Tomás de Aquino, designa o número VIII à papisa (trata-se, portanto, de João VIII), tornando-a o 107° papa em sua *História eclesiástica*.

Na realidade, porém, durante este período a Igreja afasta as mulheres definitivamente das responsabilidades institucionais eclesiásticas e funções sacramentais. O decreto de Graciano, que por volta de 1140 funda o direito canônico, afasta as mulheres estritamente da Igreja. A propósito da Papisa Joana, no final do século XIII dois dominicanos mais uma vez, Roberto de Uzes, em suas visões e profecias, e Tiago de Voragine, o célebre autor da *Legenda áurea*, em sua crônica da cidade de Gênova, comentam sobre o horror da "poluição do sagrado pela mulher" a respeito da papisa. Tiago de Voragine exprime-se da seguinte forma:

> Esta mulher [*ista mulier*] empreende com presunção, persiste com falsidade e estupidez e termina vergonhosamente. Tal é de fato a natureza da mulher [*nature mulieris*], que, diante de uma ação a realizar, tem presunção e audácia no início, burrice no meio e passa vergonha no fim. A mulher, portanto, começa a agir com presunção e audácia, mas não leva em consideração o fim da ação e o que esta envolve: ela pensa já ter feito grandes coisas; se puder começar algo de grande, não saberá mais, depois do início, durante a ação, continuar com sagacidade o que foi iniciado, e isto por causa de uma falta de discernimento. Ela é obrigada, portanto, a terminar com vergonha e ignomínia o que foi empreendido com presunção e audácia e continuado com burrice. E, assim, está demonstrado claramente que a mulher começa com presunção, continua com burrice e termina com ignomínia.

A crença na Papisa Joana faz surgir então um novo objeto e um novo rito na liturgia pontifical. O objeto é um assento sobre o qual o novo papa, durante o seu coroamento, senta-se para que o encarregado do rito possa verificar a sua virilidade no intuito de evitar o possível retorno de uma papisa. O rito é, portanto, um toque deste indivíduo no corpo do papa, destinado a confirmar se ele realmente possui partes viris.

No entanto, com relação à papisa, as mentalidades e sensibilidades evoluem. Os ritos e lendas em torno do papa adquirem aspectos folclóricos. No século XIX, foi em um contexto de lendas ligadas ao papa que o Cônego Ignaz von Döllinger, em *Die Papstfabeln des Mittelalters* (As fábulas pontificais da Idade Média), tirara a história da Papisa Joana do início do livro e colocara-a em uma série de lendas a respeito dos papas da Idade Média. A partir do século IX, um texto de paródia, *A ceia de Cipriano*, imaginara uma paródia de liturgia pontifical que fora representada em presença do papa e do imperador, e um verdadeiro carnaval fora instituído em Roma: trata-se das festas do Testaccio, das quais a do ano de 1256 é descrita. Ao mesmo tempo, desenvolvia-se, como bem mostra Agostino Paravicini Bagliani, um ardente interesse pelo corpo do papa, tanto em sua forma real como em seu significado simbólico.

A Papisa Joana é submetida, aliás, às repercussões da evolução da imagem maravilhosa da mulher, na qual há a oscilação, bastante comum a este imaginário, entre o bem e o mal, o prestígio e o horror. Ao mesmo tempo em que acaba virando um cruzamento de bruxa, a papisa figura no cortejo das damas exuberantes que em 1361 Boccaccio descreve em seu *De mulieribus claris* (Mulheres ilustres). Como Alain Boureau diz acertadamente: "Em 1361, Joana sai da Igreja para entrar na literatura e ter feminilidade".

Contudo, a iconografia da papisa desenvolve-se a partir de um duplo registro. A imagem histórica e escandalosa aparece na miniatura, depois na gravura, e concentra-se na cena do parto. A imagem hierática e prestigiosa passa do carnaval à alegoria e invade o tarô. Uma corrente de paródia inspira Rabelais em seu *Terceiro livro* (1546). Quando quer, em sonho, ameaçar de castração o sedutor de mulheres Júpiter, Panúrgio exclama-se: "Aferrá-lo-ei-vos com um gancho e sabeis o que lhe farei? Céus! Cortar-lhe-ei-vos os colhões, justo na bordinha do cu. Não lhe restará um só pelo, por esta razão não será ele jamais papa, pois 'testiculos non habet'"[1]. A alusão ao rito pontifical é evidente.

Curiosamente, o luteranismo garante uma nova vitalidade à Papisa Joana. Os luteranos ficam de fato encantados em fingir acreditarem na realidade de uma personagem que encarna tão bem a baixeza da Igreja romana. Porém, o desprezo calvinista logo em seguida e a crítica racionalista depois arruínam o mito de uma Papisa Joana histórica. A *Enciclopédia* encaixa a papisa na categoria dos contos de velhas comadres. E Voltaire, no *Ensaio sobre os costumes*, escreve a respeito do assassinato de João VIII em 882: "Não é mais verdadeiro do que a história da Papisa Joana". Apenas o teatro alemão retomou com sucesso a história da Papisa Joana sob o nome de Fraw Jetta por volta de 1480.

A Revolução Francesa interessa-se pouco pelo tema da papisa, em função de seu espírito crítico com relação à religião e à Igreja. A única que alcançou certo sucesso foi a ópera-bouffe[2] de Defauconpret, que termina com uma paródia do *Ça ira*[3]:

> Quando na fronte da Joanita
> A tiara brilhar
> Podes crer, minha cabrita
> Toda a Roma vai celebrar
> Oh. Oh. Oh. Oh. Ah. Ah. Ah. Ah.
> O lindo papazinho que aí está.

---

1. No original, o texto conserva a antiga grafia do francês: "*Je vous le gripperay au croc [je le saisirai avec un crochet] et sçavez que luy feray? Cor bleu! Je vous luy coupperay les couillons, tout rasibus du cul. Il ne s'en faudra un pelet [un poil] par ceste raison ne sera il jamais Pape car* 'testiculos non habet'" [N.T.].

2. Tipo de ópera cômica, que mistura sátira e paródia [N.T.].

3. *Ah! ça ira, ça ira, ça ira*, que quer dizer que tudo ficará bem, é um refrão que simboliza a Revolução Francesa [N.T.].

> Ao lado da tua beleza rara
> Logo veremos, ao fim irá
> O fútil brilho da tiara
> Ah, ça ira, ça ira, ça ira.

Porém, a história da papisa parece continuar sendo popular, pelo menos em Roma. Stendhal conta em *Passeios em Roma* (1830), livro no qual recopia em grande parte *Un voyage en Italie* (Uma viagem pela Itália), publicado por Nisson em 1694:

> Quem acreditaria que ainda hoje em Roma há pessoas que dão muita importância à história da Papisa Joana? Uma personagem bastante eminente e que aspirava ao cardinalato atacou-me esta noite sobre Voltaire, que segundo ela teria se permitido muitas impiedades com relação à Papisa Joana.

A papisa beneficiou-se de um novo entusiasmo no final do século XIX e no XX enquanto "curiosidade da história ocidental". Um livro burlesco parece ter sido o responsável por este renascimento, *Papisa Joana*, publicado em Atenas em 1886 pelo grego Emanuel Royidis. Este romance alcançou um sucesso considerável na Europa, onde foi traduzido para as principais línguas. Ele foi atacado por Barbey d'Aurevilly, traduzido por Alfred Jarry (tradução publicada após sua morte em 1908 e traduzida para o inglês por Lawrence Durrell em 1971[4]). Pensa-se que o romance policial de Georges Bernanos, *Um crime* (1935), retoma a história da Papisa Joana. Esta teria tentado até o cinema: no belo filme de Michael Anderson, *Pope Joan*, é a grande e bela atriz sueca Liv Ullmann que encarna a papisa.

---

4. No Brasil, *Papisa Joana* foi traduzido por Octavio Mendes Cajado e publicado pela editora Record em 1954 [N.T.].

Também já se quis fazer reviver a papisa nos trabalhos (particularmente bem acolhidos nos Estados Unidos, em especial os de Luce Irigaray) que sondam as relações tumultuosas entre as igrejas e as mulheres ao longo da história, principalmente na Idade Média. É provável que a Papisa Joana permanecerá como pano de fundo das obsessões eclesiásticas enquanto o Vaticano e uma parte da Igreja mantiverem as mulheres à distância das instituições eclesiásticas e funções sacramentais. A imagem desta heroína escandalosa, a Papisa Joana, sem dúvida não está ausente no inconsciente vaticanesco hoje.

15
Renart, o raposo

> Renart é uma das criações mais
> originais da Idade Média, apesar
> de sua figura ter sido esboçada nas
> fábulas de Esopo na Antiguidade.

Ele tem seus correspondentes na maioria dos folclores e culturas do mundo, pois encarna um tipo social e cultural específico, o *trickster*, ou seja, o enganador, o malandro. No imaginário medieval e europeu, Renart representa uma dimensão que os antigos gregos definiram com o nome de *metis*, sem terem criado uma personagem que lhe fosse correspondente[1]. Renart exprime, aliás, a natureza complexa das relações entre os homens e os animais. Ele ilustra neste livro, ao lado do unicórnio, o animal real ao lado do lendário, é membro de um universo que fascinou os homens e mulheres do Ocidente medieval e que esteve extremamente presente em sua cultura e imaginário: o dos animais. Logo na leitura do livro do Gênesis no Antigo Testamento Deus propõe os animais ao homem, já que, quando os criara, pedira que o homem lhes desse

---

1. DÉTIENNE, M. & VERNANT, J.-P. *Les ruses de l'intelligence* – La métis des Grecs. Paris: Gallimard, 1974. • LE GOFF, J. Renart et la *métis* médiévale. In: RIVALS, C. (org.). *Le rire de Goupil, Renard, prince de l'entre-deux*. Toulouse: Le Tournefeuille, 1998, p. 95-103.

seus nomes, fazendo assim com que este participasse de sua criação e legitimando a sua dominação sobre eles. A partir desta origem nas Sagradas Escrituras, os animais convivem com o homem na vida cotidiana da sociedade feudal, seja como animais de estimação, ligados à família, animais de carga no trabalho agrícola, elementos do mundo rural fundamental, ou animais do universo da caça, espaço reservado e de prestígio pertencente ao grupo senhorial. Acima de tudo, muito cedo, já na Alta Idade Média, a esta familiaridade vivida justapõe-se uma intensa vida simbólica. Toda a vida moral dos homens, individual e coletivamente, reflete-se no mundo animal. Para o homem e a mulher da Idade Média, o animal constitui um instrumento essencial de medo ou prazer, danação ou salvação.

Nesta sociedade animal, real e imaginária, a raposa ocupa um lugar de destaque. Além de seus significados essenciais – a encarnação da artimanha e a ambiguidade dos seres –, Renart está ligado a duas relações significativas no imaginário medieval e europeu. De um lado, ele tem um adversário, um rival, uma contrapersonagem: trata-se de Isengrin, o Lobo; de outro, ele não pode ser dissociado da sociedade onde vive, que é uma imagem da sociedade feudal monárquica. No interior dessa sociedade, estabelece-se uma relação privilegiada com o leão, que é o rei. Renart, sempre complexo e ambíguo, ora é o vassalo e serviçal, ora o contestador do leão, e acaba sendo usurpador deste.

Renart penetra o imaginário medieval com um defeito. Ele está pouco presente na Bíblia, mas a referência nas Escrituras que lhe é preferencialmente aplicada é a do Cântico dos Cânticos (2,15): "Apanhai todas as raposas, aquelas pequenas raposas que devastam as vinhas, pois nossas vinhas estão em flor". Renart aparece em seguida no interior da dupla antagônica lobo-raposa em um poema clerical do final do

Combate de Renart contra Isengrin. Os cavalos vestidos com armaduras, as cotas de malha e os escudos enfatizam o caráter cavaleiresco de paródia do combate entre os dois animais inimigos. Ms fr. 1581, f. 6v, século XIII. Paris: BNF.

século XI, o *Ecbasis cujusdam captivi* (A evasão de um prisioneiro). É a história de um bezerro, símbolo de um monge, que foge desesperadamente pela região de Vosges de um lobo raptor e assassino que simboliza os ateus. A obra insere-se no contexto da Reforma gregoriana e da Querela das Investituras, situando imediatamente o contexto polêmico no qual se passa a história de Renart. Por volta de 1150, o *Ecbasis* inspira uma epopeia animalesca em versos, composta por um monge ou um padre da cidade de Gante, o *Ysengrinus*. Seu tema é o conflito que opõe o raposo Renart ao seu tio, o lobo Isengrin, que não para de humilhá-lo. Isengrin acaba devorado por porcos no final. *Ysengrinus* instaura assim um contraste que será fundamental no *Romance de Renart*: o que existe entre o hábil Renart e o perverso lobo, imbecil e cruel ao mesmo tempo. Se eu quisesse introduzir no grupo dos heróis deste livro um anti-herói, certamente teria de escolher o lobo; a grande vítima do imaginário europeu desde a Idade Média – o lobo – torna-se simultaneamente feroz e estúpido na Idade Média. *Ysengrinus* contém, aliás, várias cenas que se tornarão episódios célebres do *Romance de Renart*, como o do presunto roubado, a pesca com a cauda e a consulta de Renart médico.

Apesar destes empréstimos e heranças, o *Romance de Renart*, que faz de Renart definitivamente um dos heróis do imaginário medieval, exprime uma atmosfera completamente diferente. É uma obra única na história da literatura, pois ela foi constituída por clérigos e depois por historiadores da literatura a partir de fragmentos mais ou menos independentes, compostos por autores diversos em épocas distintas entre 1170 e 1250 aproximadamente, formando o que se chamou de "ramos".

Antes de ver como vive e age Renart, gostaria de enfatizar que, dentre as muitas espécies naturais de raposa que existem, a raposa do romance, e consequentemente do imaginário, é a que os naturalistas chamam *Vulpes vulpes*: trata-se da raposa ruiva. Como a cor ruiva é desde a Bíblia a cor do mal, não foi pequena a contribuição da pelagem de Renart para a parte negativa de sua imagem. Notemos por fim que ao longo do século XII, em francês antigo e na onomástica animalesca, o termo francês *"goupil"* (que vem do latim *vulpes* e que significa raposo em português) pouco a pouco se apaga, sendo substituído pela palavra germânica *"renard"*, provavelmente derivada de um nome próprio, Reinhart ou Reginard.

Através dos diversos ramos do *Romance de Renart* pode-se reconstituir uma intriga mais ou menos contínua, assim como fizeram Robert Bossuat e Sylvie Lefèvre, cujo trabalho estou seguindo aqui. Renart faz trapaças sucessivamente ao galo Cantabem, à cotovia, ao gato Tiberto, ao corvo Tecelinho e sobretudo ao lobo Isengrin. Ele humilha os seus filhotes, dorme com sua mulher, a loba Hersant, e estupra-a em sua presença. Isengrin e Hersant vão pedir justiça ao tribunal do Rei Nobre, o Leão. Renart evita a sentença do tribunal jurando que consertará os seus erros. E escapa de uma armadilha preparada pela loba e o lobo. Humilha mais do que nunca este último com ardis imperdoáveis. Novamente convocado pelo tribunal de Nobre, ele não se rende e devora Cortada, a Galinha. Ele acaba rendendo-se ao tribunal depois dos pedidos de seu primo Grimberto, o Castor. Condenado à forca, escapa jurando que realizará uma peregrinação à Terra Santa, mas, assim que é libertado, livra-se da cruz e do bordão e foge. O rei tentará sem sucesso cercá-lo em seu castelo subterrâneo de Brechafalsa (a "brecha falsa" designa a entrada da toca), comete mil maldades e trapaças, seduz a rainha leoa e busca usurpar o trono do leão. Mortalmente ferido no fim, é enterrado magnificamente, para a grande alegria de suas vítimas, mas ressuscita, disposto a recomeçar.

Tal é o herói Renart, entre admiração e ódio, encarnação de comportamentos que se degradam da inteligência à enganação e traição através da artimanha. Ele é instrumento da heroização da artimanha na cultura medieval e europeia mais do que qualquer outro herói ambíguo neste imaginário em que, como já vimos, não existe herói perfeito (a perfeição não pertence a este mundo). Mais do que ninguém, ele suscita a questão: será que ele é bom ou mau?

Por suas ações no tribunal dos animais, ele nos obriga a pensar a artimanha em seu contexto social e político. Assim como todos os heróis da Idade Média, ele está ligado a um lugar; fixado na terra, nesta espécie de contracastelo que constitui Maupertuis. Acima de tudo, talvez, ele aponta um elemento fundamental do imaginário medieval que não encontramos com tanta força em nenhum outro mito: a ardente e louca busca por comida. O *romance de Renart* talvez seja uma epopeia mais da fome do que da artimanha. Renart também é uma figura típica das relações entre homens e mulheres, pois encarna o macho feudal que oscila entre a sedução e a violência diante das mulheres.

Enfim, avançando no século XIII, a imagem de Renart adquire um aspecto satírico cada vez mais forte, distancia-se cada vez mais dos traços propriamente animalescos de seus primórdios e diaboliza-se. Identifica-se cada vez mais com uma *figura diaboli* e encarna a imagem fundamental do diabo, que não deixa de se reforçar ao longo da Idade Média: a do embusteiro.

Na cultura europeia e nas diversas línguas vernaculares que nos séculos XIII e XIV estão-se propagando, o *Romance de Renart* é difundido consideravelmente. Primeiro em francês, com *Renart le Bestourné* (Renart, o insensato), de Rutebeuf; *Renart le Nouvel* (Renart, o novo), de Jacquemart Gielée; e *Renart le Contrefait* (Renart, o falso), de um clérigo de Troyes do início do século XIV. Todos estes textos acentuam o caráter satírico da história. É a corrente germânica, alemã e flamenga que mais se desenvolve, sobretudo com a versão, a partir do final do século XII, de *Reinhart Fuchs*, de Heinrich der Glichesaere, mas também com o poema flamengo *Van den Vos Reinarde* e sua sequência, *Reinaerts Historie*; uma versão italiana surge em Veneza a partir do século XIII, *Rainardo e Lesengrino*; e, por fim, no final do século XV, aparece na Inglaterra *Reynard the Fox*, de William Caxton.

Como bem nota Claude Rivals, após o século XII, o segundo grande momento da entrada de Renart no imaginário europeu é o período clássico dos séculos XVII e XVIII, quando Renart "fica dividido entre a ficção do fabulista e a ciência do narrador". O fabulista é La Fontaine, que coloca Renart em cena em 24 de suas fábulas. De acordo com o gosto da época, Renart ainda é o enganador, o esperto, mas o fabulista quis sobretudo humanizar o animal e o que ele simboliza, considerando os defeitos que o tornavam detestável na Idade Média mais como fraquezas que o tornam humano, tendo em vista que elas buscam substituir o direito da força pelo do intelecto e conservar um pouco de liberdade em uma sociedade impiedosa. Quanto ao naturalista, trata-se evidentemente de Buffon. Embora este estudioso tenha-se preocupado antes de tudo em descrever o animal científica, neutra e imparcialmente, ele não consegue impedir-se de traçar um retrato marcado pela sua simpatia:

> A raposa é famosa por suas artimanhas e merece em parte a sua reputação. O que o lobo só consegue pela força ela adquire por sua destreza, obtendo sucesso com mais frequência [...]. Tanto fina quanto discreta, engenhosa e prudente até a paciência, ela varia sua conduta, tem meios de reserva, os quais sabe empregar somente quando necessário [...]. Ela não é absolutamente vagabunda, mas sim um animal que estabelece domicílio[2].

A posteridade do *Romance de Renart* é extensa sobretudo na área germânica. Na esteira do poema de Heinrich der Glichesaere está um texto ilustre de Goethe, que o dedica a *Reineke Fuchs* em 1794. Goethe foi muito influenciado nesta escolha por Herder, que considera esta história como o próprio modelo da epopeia alemã e Renart como "nada mais do que o Ulisses de todos os Ulisses". A febre em torno de Renart na época romântica continuou durante o século XX, tanto que um Museu Reineke Fuchs foi aberto em Linden-Leihgestern[3]. Além disso, em 1998 o museu municipal de

---

2. O texto de Buffon encontra-se no livro dirigido por RIVALS, C. *Le rire de Goupil*. Op. cit., p. 185-189.
3. Reineke-Fuchs-Museum. Dresdener Strasse, 22. 35440 – Linden-Leihgestern, Alemanha.

Lokeren (nos Países Baixos) organizou, em colaboração com a Universidade de Lausanne e a Universidade Católica de Nimega, manifestações pelo quingentésimo aniversário do mais antigo incunábulo alemão de *Reynaert*, produzido em Lübeck em 1498.

Renart também é um herói da literatura francesa do século XX, reagindo contra a difamação da personagem no século XIX pelo socialista utopista Fourier, que o considerava como o próprio exemplo da podridão e baixeza, face à apologia do cachorro e à reabilitação do lobo. Na literatura francesa, muitas obras foram dedicadas a Renart, "ser duplo e ambivalente que fascina, encontrando-se entre natureza e cultura, entre o bem e o mal". O escritor Maurice Genevoix, chantre da natureza, publica em 1968 *Le roman de Renart*. O livro de Louis Pergaud, *De Goupil à Margot* (De raposo a Margot), é publicado na popular coleção Folio[4]. Jean-Marc Soyez publica um notável romance, *Les Renards* (As raposas, 1986), sobre a caça furtiva. Saint-Exupéry, em seu famoso conto filosófico *O pequeno príncipe*, faz a raposa dialogar com o seu jovem herói.

De fato, na segunda metade do século XX, Renart encontra um novo meio de expressão que lhe garante uma nova existência: os livros ilustrados para crianças. Assim, *Der Findefuchs: Wie der kleine Fuchs eine Mutter bekam* (O Raposinho: como a pequena raposa encontra uma mãe), publicado em Munique em 1982, é retomado em 1984 pela editora École des loisirs, que em 1990 adapta o livro ilustrado da japonesa Akiko Hayashi produzido em 1989. *Le Renard dans l'île* (A raposa na ilha), de Henri Bosco, e *Le Renard qui disait non à la lune* (A raposa que dizia não à lua, 1974), de Jacques Chessex e Danièle Bour, também atingem o público

---

4. Coleção de livros de bolso da editora francesa Gallimard [N.T.].

jovem. A raposa para adultos do imaginário medieval tornou-se uma raposa para crianças[5].

O destino de Renart no cinema não é menos surpreendente. Ele é primeiro o herói do notável *Roman de Renart* de Ladislav Starevitch, que retoma os principais episódios com marionetes como personagens. O espírito do filme é lúdico e libertário; ele mostra "a resistência de um espírito independente da pretensão dos poderosos de governar todos os aspectos da existência".

Uma segunda surpresa é o encontro, no mundo dos desenhos animados de Walt Disney, de Renart com Robin Hood. No famoso desenho animado *Robin Hood*, de 1973, é Renart que encarna Robin e usa o chapéu de feltro de Errol Flynn no filme de Michael Curtiz. Por fim, o mais espantoso é sem dúvida o fato de a palavra espanhola para raposa, *zorro*, ter batizado um dos mais extraordinários e populares heróis do cinema, Zorro, que vira mito graças a Douglas Fairbanks no filme de Fred Niblo (1920) *A marca do Zorro*, cuja história se passa no Novo México e na Califórnia na metade do século XIX. Assim, o Mito de Renart ganha uma nova e desmedida dimensão do imaginário, desta vez fora da Europa, o imaginário do faroeste, onde Zorro-Renart sofre uma nova metamorfose, que o transforma em justiceiro mascarado[6].

---

5. Cf. ENDERLE, M. Le renard des albums pour enfants. In: RIVALS, C. (org.). *Le rire de Goupil*. Op. cit., p. 319-326.

6. BRETÈQUE, F. Renart au cinéma, un rendez-vous manqué. In: RIVALS, C. (org.). *Le rire de Goupil*. Op. cit., p. 327-335. Não concordo com a avaliação negativa de François de la Bretèque, excelente historiador do cinema. Renart passou por uma metamorfose no cinema, mas ganhou um forte reconhecimento nele.

Robin Hood entre fora da lei e nobre, entre Idade Média e século XVII. Nesta gravura em madeira feita por volta de 1600 e colorida posteriormente, Robin Hood, que vive no Condado de Nottingham no século XII, apresenta-se como uma mistura entre o fora da lei armado com um arco e um bastão e o nobre de gibão e chapéu de plumas. É a evolução de um herói de balada popular. Coleção particular.

16
Robin Hood

> Robin Hood talvez tenha existido,
> mas é essencialmente uma criação
> literária oriunda das baladas
> que, desde os séculos XIII-XV,
> cristalizaram-se em torno desta
> personagem, ligada sobretudo ao
> imaginário inglês, mas também ao
> europeu.

Robin Hood introduz no imaginário europeu originário da Idade Média uma personagem representativa, o fora da lei, o rebelde justiceiro, e um ambiente original, a floresta. A personagem talvez tenha realmente vivido na Inglaterra no século XIII, mas sua existência é garantida pela literatura. Sua mais antiga menção encontra-se no famoso poema *Piers Plowman* (Pedro, o lavrador), elaborado entre 1360 e 1390 por William Langland[1]. Este último cita Robin Hood como um herói de balada popular, embora apenas nos séculos XV e XVI tenhamos textos de baladas dedicadas a

---

1. Langland escreve: "Conheço baladas sobre Robin Hood e Randolph, conde de Chester" (ROBERTSON, E. & SHEPHERD, S.H.A. *Piers Plowman*. Nova York: W.W. Norton & Company, 2006. O conde de Chester (1172-1232), personagem histórica, também era um herói popular que se opôs às taxas. Cf. HILTON, R.H. (org.). *Peasants, Knight and Heretics*. Londres: Cambridge University Press, 1976.

Robin Hood. Portanto, Robin Hood só surge tardiamente na iconografia das miniaturas medievais. Determinou-se que ele tenha surgido na história social da Inglaterra no século XIII e sobretudo no final do XIV, repercutindo as revoltas populares e conflitos religiosos dos anos de 1380. Robin Hood é o defensor dos pobres e oprimidos, o homem da floresta, de um bando. Sempre é escoltado por um fiel companheiro (João Pequeno) e por um monge truculento (Frei Tuck). O romantismo lhe dará uma prometida, Maid Marian.

Robin Hood tem um inimigo que representa o poder político e social, impiedoso e antipopular: o xerife de Nottingham. Na maior parte das vezes, ele vive e age na Floresta de Sherwood, em Nottinghamshire. A marca popular que contribuiu para consolidar a sua imagem mítica foi o fato de ele ser um arqueiro. Ele carrega, portanto, o arco, acessório emblemático que o opõe ao cavaleiro nobre a cavalo, munido de sua lança e espada. Trata-se de uma personagem ambígua como todos os heróis da Idade Média. Ele encontra-se a meio caminho entre justiça e rapina, direito e ilegalidade, revolta e favor, a floresta e a corte. Com seu bando, do qual faz parte um clérigo popular e protestador, ele rouba dos ricos para vestir e alimentar os pobres, socorre os desarmados e impotentes atacados pelos cavaleiros que percorrem a região. Os títulos das principais baladas que lhe são dedicadas nos séculos XV-XVI ilustram bem as suas aventuras: "Robin Hood e o monge", "Robin Hood e o oleiro", "Robin Hood e o xerife", "A gesta de Robin Hood", "A morte de Robin Hood".

A tradição das baladas que falam sobre ele ao longo do século XVI conduz até Shakespeare, cuja obra é a última e mais brilhante expressão da Idade Média. *As you like it* (1598-1600) é uma transposição da história de Robin Hood, um nobre que se refugia na Floresta de Arden depois de ser desapossado de suas terras e de suas funções por seu irmão.

O Mito de Robin Hood constitui um caso excepcional de personagem imaginária. Já vimos que, com frequência, os nossos heróis e maravilhas são recuperados na época romântica. No caso do Robin Hood, porém, um segundo nascimento produz-se na literatura romântica. O pai do Robin Hood no imaginário moderno e contemporâneo é o escritor britânico Walter Scott. Robin Hood revela-se para a posteridade no célebre romance *Ivanhoé* (1819)[2]. Neste romance, o golpe de gênio de Walter Scott foi ter feito o seu herói viver no final do século XII e ter-lhe dado o melhor papel na peripécia mais ardente da história da Inglaterra. Robin, com o nome de Locksley e junto com seu bando, protege os saxões, despojados pelos conquistadores normandos, e toma o partido, contra seu irmão John, do rei da Inglaterra Ricardo Coração de Leão, aprisionado ao voltar das Cruzadas. Ainda melhor: ele salva o rei, que voltou incógnito para a Inglaterra – a cena em que este último lhe revela a sua identidade é um dos momentos mais intensos do romance. Walter Scott resolve também o problema dos roubos de Robin, dos quais o rei absolve-o ao considerar os seus méritos. Robin declara: "Meu soberano tem o direito de saber o meu verdadeiro nome. Um nome que, temo eu, chega aos seus ouvidos com muita frequência. Eu sou Robin Hood, da Floresta de Sherwood". E o Rei Ricardo exclama: "Ah, o rei dos *outlaws*, o príncipe dos bons companheiros! Quem nunca escutou o teu nome? Ele chegou até a Palestina. Fica tranquilo, bravo Robin Hood, que nada do que tu hás podido fazer durante

---

2. Cf. PASTOUREAU, M. "Ivanhoé, un Moyen Âge exemplaire". In: *Le Moyen Âge à livres ouverts*. Paris: FFCB, 2003, p. 15-24 [Colóquio de Lyon, 2002]. Artigo retomado em "Le Moyen Âge d'Ivanhoé, un best-seller à l'époque romantique". In: *Une histoire symbolique du Moyen Âge occidental*. Paris: Seuil, 2004, p. 327-338.

minha ausência e nestes tempos tumultuosos jamais será usado contra ti!"

Robin Hood também parece ter alcançado um imenso sucesso junto ao público americano. Ele tornou-se, em especial, ídolo das crianças americanas graças ao livro de Howard Pyle, escritor e ilustrador que fez dele o herói de um livro ilustrado para crianças: *The Merry Adventure of Robin Hood* (1883). Em 1890, foi representada *Robin Hood*, ópera de grande sucesso do compositor americano Reginald de Koven (1859-1920), diplomado de Oxford. Talvez o sucesso americano de Robin Hood venha de sua assimilação mais ou menos consciente a um herói de faroeste.

Em todo caso, um século após Walter Scott, é a vez de o cinema imortalizar Robin Hood. Dois grandes filmes em que o herói é encarnado por uma estrela de Hollywood garantem este sucesso. Primeiro vem o filme mudo de Allan Dwan, de 1922, com Douglas Fairbanks como protagonista. E, mais ainda, o filme de William Keighley, terminado por Michael Curtiz, *As aventuras de Robin Hood* (1938), com Errol Flynn no papel principal e, ao seu lado, uma heroína feminina representada por Olivia de Havilland[3]. Robin Hood foi herói de muitos filmes, dos quais um é o desenho animado de Wolfgang Reitterman produzido por Walt Disney (1973). Estes filmes frequentemente têm títulos evocatórios, como por exemplo *The Story of Robin Hood and his Merrie Men*, de Ken Annakin (1952), e *Robin Hood Prince of Thieves* (Robin Hood, príncipe dos ladrões), de Kevin Reynolds, com Kevin Costner (1991). Robin Hood é um herói tão fascinante que acabou inspirando uma obra que valoriza não o seu lado bandido,

---

3. Este filme foi editado em DVD em 2004 com o desenho animado *Rabbit Hood*, cujo herói é o Pernalonga, que vira o adversário de Robin Hood.

mas sim o de um homem que envelhece, mas continua sempre ardente e contrário às mesquinharias do perverso xerife: este é o tema do filme original de Richard Lester, *Robin e Marian*, de 1976, com Sean Connery no papel do herói mais velho e Audrey Hepburn no de Marian. Robin Hood é, desde a Idade Média, um herói do imaginário para todas as idades e épocas.

17
Rolando

> Rolando é uma personagem histórica, da qual, no entanto, não se sabe quase nada. Ele é conhecido apenas por uma menção na *Vida de Carlos Magno*, de Eginhardo, do início do século IX.

Ele é apresentado nesta biografia como prefeito da Marca da Bretanha. Muito cedo, torna-se sobrinho de Carlos Magno, cuja lenda negra faz dele o filho de suas relações incestuosas com a irmã. Assim, Rolando, herói destemido e irrepreensível, apesar de tudo sofre da tara que deu origem ao seu nascimento. Assim como os outros, Roland não é um herói imaculado do imaginário medieval. Aliás, de todos os heróis apresentados aqui, ele é o que sem dúvida possui o caráter mais ligado a uma cultura nacional (a da França). Criado por uma obra literária, a *Canção de Rolando*, como veremos mais para a frente, ele é produto deste texto, que já foi considerado como "texto fundador da nossa literatura, cultura e história, primeira manifestação criadora da nossa língua"[1].

A *Canção de Rolando* nasceu por volta de 1100 "da síntese de elementos antigos, indefiníveis, e de elementos criadores e novos no espírito e arte de um poeta,

---

1. DUFOURNET, Jean. Cf. bibliografia.

que podemos chamar de Turold [...]. O surgimento desta obra-prima, fruto de uma genialidade original, tornou os cantos e narrativas anteriores antiquados"[2]. Turold, o autor, seria um clérigo anglo-normando que figura no bordado-tapeçaria de Bayeux. Guilherme de Malmesbury conta por volta de 1125 que na Batalha de Hastings, que entregou a Inglaterra a Guilherme, o Conquistador, havia um jogral que animava as tropas normandas com a melodia de uma *Cantilena Rolandi*. Sem dúvida existiu uma versão primitiva da *Canção de Rolando* refletindo o espírito nacional do reino capetiano por volta da metade do século XII, inspirado por São Dionísio. Porém, o manuscrito no qual se funda a edição moderna da *Canção* é uma versão anglizada e modernizada no meio social do rei anglo-normando Henrique II Plantageneta, conservada em um manuscrito de Oxford dos anos de 1170-1180.

A *Canção de Rolando* conta um episódio, cuja base provavelmente é histórica, das expedições do exército carolíngio na Espanha, onde o imperador combate os reis sarracenos, em especial o de Saragoça, Marsílio. Junto a Carlos Magno lutam o belicoso Rolando e o pacifista Ganelão. Carlos Magno decide propor a paz a Marsílio, mas Ganelão, por ódio de Rolando, incita o rei mouro a atacar traiçoeiramente a retaguarda do exército de Carlos Magno, de cujo comando Rolando foi incumbido. O ataque imprevisto produz-se nos Pireneus, na altura do desfiladeiro de Roncesvales, onde um imenso exército sarraceno ataca o pequeno exército cristão comandado por Rolando, que é ajudado por seu companheiro Oliveiros e pelo Arcebispo Turpino. Seria preciso pedir socorro ao imperador e à maior parte de suas tropas, mas por orgulho Rolando se recusa. Quando se resigna a tocar a trompa para chamar

---

2. Ibid.

Carlos Magno, já é tarde demais. Só resta a Rolando e seus companheiros lutar corajosamente; até o último deles é morto. A única coisa que Carlos Magno, chegando tarde demais, pode fazer é dar-lhes uma sepultura decente. Quando chega em Aquisgrana e anuncia a morte de Rolando à sua noiva, a bela Aude, esta morre. O velho imperador constata, lamentando-se, que será preciso recomeçar a luta contra os sarracenos.

A *Canção de Rolando* é inteiramente impregnada pelo espírito de cruzada, mas ao longo dos séculos não foi ele que mais marcou o imaginário. Seu principal legado é a figura de Rolando, que se tornou o modelo do cavaleiro cristão e, mais tarde, como veremos, do cavaleiro francês.

Na *Canção*, a personagem de Rolando afirma-se através de suas relações com quatro personagens. O que se evidencia acima de tudo é o contraste entre Rolando e Oliveiros, amigo muito querido e, no entanto, bastante diferente por seu comportamento e caráter. A *Canção* diz: "Rolando é corajoso, mas Oliveiros é sensato". Rolando é impetuoso, o que mais tarde permite à literatura fazer dele facilmente um "furioso". Oliveiros é mais calmo; no fundo, o cavaleiro perfeito para a *Canção* seria a união dos dois, na qual a moderação temperaria o exagero. É notável que, no imaginário europeu e principalmente francês, seja a personagem arrebatada que se tenha destacado. Resta que, como bem observa Pierre Le Gentil, o Rolando da *Canção* é uma personagem que tem suas fraquezas. Ele é antes de tudo um ser humano e, desta forma, faz parte daquela humanidade que, como já vimos, é compartilhada por todos os heróis do imaginário medieval e europeu. A outra dupla é Rolando e Carlos Magno. Já se chamou a atenção para o fato de a *Canção* ser o poema da vassalagem. Ela é a obra que por excelência exprime o espírito feudal com base nas relações entre o senhor e o vassalo. Os vitrais de

Chartres associam estreitamente a imagem de Rolando à de Carlos Magno. Parece-me que é sobretudo a figura do rei (aqui imperador) que é evocada. Carlos Magno não é um autocrata, ele consulta, pede conselho, avalia os riscos, reclama de suas obrigações. Ele mostra que, no imaginário europeu, o poder político supremo não é um poder absoluto, o que faz com que o período absolutista da monarquia do século XVI ao XVII seja não a realização da ideologia política europeia, mas sim um parêntese nesta evolução.

Após Oliveiros e Carlos Magno, Rolando estabelece relações privilegiadas com o Arcebispo Turpino. Esta personagem, que por sua vez também dá origem a uma posteridade literária importante, é evidentemente o representante da Igreja. A dupla manifesta a irredutibilidade do laico ao clerical e vice-versa – o ideal é que entre os representantes da primeira função, a que reza, e os da segunda, a que luta, as relações sejam tão boas quanto as que existem entre Rolando e Turpino. Por fim, Rolando coloca o problema das relações entre os sexos. Porém, Aude ocupa uma posição ambígua na *Canção*. Embora ela seja a companheira à qual aspira o herói e o poema acabe praticamente com a sua morte, toda a intriga acontece entre homens. Vemos aí realmente a "máscula Idade Média" de Georges Duby. O herói Rolando distingue-se também pela posse e o uso de objetos imbuídos de um caráter sagrado. Trata-se primeiro da espada Durandal, que assim como um ser vivo possui um nome e que é a companheira inseparável de Rolando. A trompa ou olifante que ele carrega na cintura também é um objeto sagrado. Produtora de sons e chamados para conseguir ajuda, já se pôde compará-la a uma cornucópia sonora.

Rolando também compõe a imagem tradicional do herói em função da consideração dada à sua morte e túmulo. A *Canção* resume-se a uma longa agonia, e Roncesvales é o mais prestigioso dos túmulos, tão original que evidencia uma característica específica de Rolando, que tem grande importância. A canção toda está mergulhada na natureza, uma natureza montanhosa na qual a epopeia do herói passa-se constantemente a céu aberto. É digno de nota que a memória lendária de Rolando apresente-o com frequência em meio à natureza. É aí que ele teria deixado os seus principais vestígios míticos, sejam rochedos cortados ao meio por Durandal, como o Circo de Gavarnie nos Pireneus franceses, ou o Rochedo de São Terenzo perto de La Spezia. Muitos lugares, principalmente na Itália, trazem igualmente a marca dos "joelhos" de Rolando. Como já vimos, todo herói está ligado a um lugar, um espaço; Rolando é um herói multiespacial. No mundo imaginário, ele também se insere na categoria de um outro tipo de homens maravilhosos: os gigantes. Em Ronco di Maglio, perto da Província de Savona, ele deixou a marca de um pé gigantesco. Sua imagem lendária mais surpreendente é a estátua que em 1404 a cidade de Bremen, na Alemanha, dedica-lhe. Ela tem uma altura de cinco metros, tendo sido erigida na frente do palácio da prefeitura como símbolo dos direitos e privilégios da cidade. Ela foi frequentemente levada em procissões ao longo da história e existe ainda hoje.

Foi durante o período que se considera como a transição da Idade Média para o Renascimento – e que para mim é apenas uma fase da longa Idade Média histórica, que continuou até o século XVIII – que se produziu uma importante metamorfose de Rolando. Este último é apropriado na Itália por uma corrente ideológica e cultural, favorecida em especial pela grande família principesca dos Este, em Ferrara. Ele torna-se aí o herói das novas epopeias em que o espírito cavaleiresco toma dimensões desordenadas. Trata-se de um dos mais belos produtos do vistoso imaginário medieval. As obras que apresentam esta nova imagem de Rolando são criações de dois grandes escritores, protegidos pelos príncipes de Este. O primeiro, Boiardo, é um humanista que entre 1476 e 1494 compõe *Orlando inamorato*, combinando o ciclo carolíngio e o romance arturiano e discorrendo acima de tudo sobre sentimentos amorosos complicadíssimos, em especial os de um novo casal: Rolando e a bela Angélica. Boiardo inspira o grande poeta de Ferrara do início do século XVI, Ariosto, que de 1516 a 1532 escreve *Orlando furioso*. A epopeia conta a guerra entre os reis infiéis Agramante e Rodomonte[3] e os cristãos Carlos Magno e Rolando, além do romance de Rolando e Angélica, que não tem um final feliz – o que enlouquece Rolando e explica o título do poema. Também é narrado, porém, o amor do sarraceno Rogério por Bradamante e sua conversão ao cristianismo, religião da família de Este. Com Ariosto, Rolando torna-se o herói de um imaginário medieval radioso, um herói cavaleiresco e precioso. A posteridade de Rolando ora se mantém próxima da antiga *Canção de Rolando*, ora é marcada pelo mais moderno *Orlando furioso*. A tradição de Ariosto perdurou principalmente na Sicília, seja nas esculturas das charretes ou – e sobretudo – nas personagens dos teatros de marionete. O avatar italiano que criou Rolando furioso também lançou um novo tipo de herói cavaleiresco: o *paladino*. A palavra vem do francês *palatin*, que virou *paladino* em italiano no século XIII, ou seja, figura valorosa, cavaleiro, e que designava em especial os iguais de Carlos Magno. Este é o termo que Ariosto emprega em *Orlando furioso* e que volta daí para o francês no século XVI. A partir de então, Rolando pertence ao tipo específico de herói cavaleiresco que o paladino representa.

---

3. Romodonte deu origem a uma palavra francesa: *rodomontade*, que quer dizer fanfarronice [N.T.].

Christian Amalvi conta como uma outra linhagem da história do imaginário fabricou na França do século XIX um Rolando nacional e mesmo laico. Assim como a maioria dos heróis da Idade Média, Rolando é apropriado inicialmente pelo romantismo. Na França, dois grandes poetas românticos dedicam-lhe poemas que no fim do século encontrarão seu lugar nas recitações dos colegiais. Trata-se de *Le cor* (A trompa), de Alfred de Vigny, e *La légende des siècles* (A lenda dos séculos), de Victor Hugo. No entanto, tudo se prepara para popularizar a *Canção de Rolando*. Uma primeira edição ao mesmo tempo erudita e acessível é feita por Francisque Michel em 1837. Mais tarde, após Victor Duruy ter introduzido em 1867 o ensino da história na escola primária, a *Canção de Rolando* torna-se uma fonte histórica a partir da realização de traduções para o francês moderno. A tradução que por sua influência acaba sendo decisiva é a de Léon Gautier em 1880, erudito que na mesma época publica a suma *La chevalerie* (A cavalaria), que torna ao mesmo tempo conhecida e prestigiosa esta classe social e sua ideologia. Após 1870, Rolando ocupa um lugar dentre outros heróis guerreiros recrutados pelos professores do primário e secundário sob a bandeira da revanche contra os prússios: Vercingetórix, Du Guesclin, Joana d'Arc, Bayard, Turenne, Hoche e Marceau[4]. O derrotado Rolando é

---

4. Vercingetórix (72 a.C.-96 a.C.), líder guerreiro da Gália; Bertrand Du Guesclin (1320-1380), nobre e condestável que luta nas guerras de sucessão da Bretanha; Joana d'Arc (1412-1431), camponesa que luta com o exército francês contra os ingleses na Guerra dos Cem Anos; senhor de Bayard (1475-1524), nobre e cavaleiro que se destaca nas guerras italianas; Visconde de Turenne (1611-1675), militar que participa da Guerra dos Trinta Anos e das guerras de Luís XIV; Lazare Hoche (1768-1797), general que exerceu grande papel na Revolução Francesa; François-Séverin Marceau (1769-1796), igualmente general da Revolução Francesa [N.T.].

um deles. Ele inspira tanto os franceses católicos e monarquistas, o que é normal, quanto os republicanos e ateus, o que é mais surpreendente. Contudo, Michelet ensinou-lhes a considerar a *Canção de Rolando* como uma obra do espírito popular francês, uma emanação da alma coletiva. Joana d'Arc, canonizada após a guerra de 1914-1918 e igualmente reconhecida por franceses de ideologias diferentes, tomará o lugar que Rolando assumia na época de Jules Ferry.

O lugar do herói Rolando no imaginário europeu é bastante vago atualmente. Enquanto na Itália, fora as marionetes sicilianas, o cinema tenha mais ou menos prolongado a herança de Ariosto em filmes como *Orlando e i Paladini di Francia* (Os paladinos de França), de Pietro Francisci (1958), e *I paladini*, de Giacomo Battiato (1984), na França Rolando parece ter inspirado apenas uma obra arcaica de Louis Feuillade, *Roland à Roncevaux* (1913), e uma obra bastante marginal, embora fascinante, de Franck Cassenti: *La chanson de Roland* (1978).

Os tempos atuais não parecem querer favorecer um renascimento do herói Rolando. Porém, o imaginário é tão dependente dos acasos e avatares da história que é impossível saber se o paladino que já despertou tantos sonhos não reencontrará um novo lugar no imaginário europeu.

18
Tristão e Isolda

> "A lenda de Tristão e Isolda é, junto com o Graal, o maior mito concebido pelo Ocidente medieval, mito do amor fatal que leva à morte", escreve Jean-Marie Fritz.

Embora tenha-se tornado um mito característico do imaginário europeu, esta lenda também já foi posta em paralelo com o folclore universal e com uma lenda de origem persa. A história persa de Wis e Ramin lembra a história do trio Marcos, Tristão e Isolda. O essencial da lenda parece entretanto provir, na verdade, da cultura céltica e ter-se difundido em toda a Europa cristã a partir do século XII. Aliás, apesar de Tristão e Isolda serem heróis emblemáticos da Idade Média, o casal virou a encarnação do amor moderno e não ficou de maneira nenhuma restrito à época medieval. Enquanto o Graal, como maravilha da Idade Média, é evocado neste livro apenas nos artigos que apresentam heróis cavaleirescos, Tristão e Isolda têm um lugar garantido porque oferecem melhor do que qualquer outro mito a imagem medieval da mulher, do casal e de um sentimento que, paralelamente à fidelidade feudal, é sem dúvida a maior herança de valor afetivo que a Idade Média legou ao Ocidente: o amor cortês[1].

---

1. Lancelot e Guenièvre talvez encarnem o amor cortês melhor que Tristão e Isolda, em cuja história domina o caráter trágico e fatal do amor – a quinta-essência do amor cortês é o *fin'amor* e a *joy* (o fino amor e a felicidade absoluta). SCHMITT, Jean-Claude (org.). *Dicionário temático do Ocidente Medieval*. Bauru/São Paulo: Edusc/Imprensa Oficial do Estado, 2002.

O mito está contido em uma série de textos em geral fragmentários. O conjunto compreende dois romances em versos: um escrito por Thomas em 1170-1173 na Inglaterra e definido como uma versão cortês – resta somente cerca de um quarto do texto –, o outro composto por volta de 1180 por um poeta de origem normanda, Béroul, e considerada como a versão comum, da qual resta apenas um fragmento de 4.485 versos. A estes juntam-se três novelas em versos: duas *Loucuras de Tristão*, que, dependendo do lugar onde seus manuscritos foram encontrados, são chamadas *Loucura de Berna* ou *Loucura de Oxford*; e o *Lai da Madressilva*, um lai de Maria de França. Cabe acrescentar a saga escandinava de Tristão e Isolda, composta por Frei Robert a mando do Rei Håkon IV da Noruega (1226). O *Tristão em prosa* é uma reescritura do Mito de Tristão e Isolda, em forma de longuíssimo romance, feita por volta de 1230 e influenciada pelo *Lancelot em prosa*: a história passa-se ao mesmo tempo na corte do Rei Marcos, marido de Isolda e tio de Tristão, e na do Rei Artur. Tristão torna-se um cavaleiro da Távola Redonda e um caçador do Graal. Muito cedo, o Mito de Tristão e Isolda espalha-se pela Europa cristã inteira, e, fora a saga nórdica já citada, é preciso mencionar o romance de Eilhart von Oberg, do último quarto do século XII, e as adaptações, ainda em alto alemão médio, compostas entre 1200 e 1210 por Godofredo de Estrasburgo e seus continuadores, Ulrich von Türheim e Heinrich von Freiberg. Por volta de 1300, na Inglaterra, um autor anônimo escreve em inglês médio *Sir Tristrem*. Na Biblioteca Riccardiana de Florença foi encontrada uma versão em prosa italiana que pode ser datada do final do século XIII e que foi chamada de *Tristano Riccardiano*.

A partir destes textos, pode-se resumir a lenda de Tristão e Isolda da seguinte maneira: o órfão Tristão é criado por seu tio, o Rei Marcos de

Cornualha. Durante uma viagem à Irlanda, ele salva de um dragão (reconhece-se aqui a lenda de São Jorge e o caráter cavaleiresco de Tristão) a filha da rainha da Irlanda, Isolda, e obtém sua mão para o Rei Marcos. Porém, no caminho de volta pelo mar, ele e Isolda bebem por engano o filtro do amor preparado pela mãe da princesa para esta e o Rei Marcos. Atraídos um pelo outro por um amor irresistível, os jovens tornam-se amantes. A dama de companhia, culpada pelo erro do filtro, substitui Isolda na noite de núpcias com o Rei Marcos, a quem ela sacrifica a sua virgindade. Em uma série de peripécias romanescas, Tristão e Isolda buscam esconder o seu amor do desconfiado Rei Marcos, dos seus barões, hostis ao jovem casal, e dos seus vassalos, que mantêm o Rei Marcos mais ou menos à sua mercê. Finalmente pegos em flagrante, eles são condenados à morte pelo Rei Marcos e fogem para a Floresta de Morois, onde vivem de modo errante e miserável. Marcos surpreende-os lá, mas, como a atitude deles é casta, poupa e deixa ambos voltarem à corte. Um juramento ambíguo exime Isolda da acusação de adultério, Tristão vinga-se dos seus inimigos – os barões –, mas o Rei Marcos exila-o. A partir de então, os amantes só se veem raramente e às escondidas, quando das visitas de Tristão à corte, com disfarces de peregrino, jogral, bobo da corte. Ele deve casar-se com a filha do rei de Carhaix, Isolda-das-Mãos-Brancas, mas permanece fiel a Isolda-Loura e não consome seu casamento com a outra Isolda. Ferido por uma flecha envenenada, ele pede para Isolda-Loura vir junto ao seu leito. Porém, Isolda-das-Mãos-Brancas, com ciúme, manda trocar a vela branca, que deveria anunciar a chegada de Isolda-Loura, pela preta, que indica a sua ausência. Desesperado, Tristão deixa-se morrer, e só resta a Isolda-Loura precipitar-se sobre o seu cadáver e morrer por sua vez.

    O Mito de Tristão e Isolda marcou profundamente o imaginário europeu: as imagens do

O filtro do amor. Na história de Tristão e Isolda, os barcos que circulam entre a Bretanha continental e a insular são muito ativos. Naquele em que Tristão leva Isolda para se casar com o seu tio, o Rei Marcos, os dois jovens divertem-se com o jogo senhorial do xadrez, mas também bebem inconscientemente o filtro que fará deles amantes inseparáveis. O amor é fatalidade. Tristão de Léonois, Tristão e Isolda, ms fr. 112, f. 239. Paris: BNF.

casal e do amor foram muito influenciadas por ele, o filtro tornou-se o símbolo do amor à primeira vista e da fatalidade do amor, a história do trio associou fortemente a paixão ao adultério e, por fim, o mito enraizou no imaginário ocidental a ideia do laço fatal entre o amor e a morte. Godofredo de Estrasburgo já escrevia no século XIII: "Eles podem estar mortos há muito tempo, mas seus nomes encantadores continuam vivos, e a morte deles ainda viverá durante muito tempo, para sempre, para o bem deste mundo; a morte deles não deixará de ser viva e nova para nós [...]. Leremos a vida e leremos a morte deles, o que para nós será mais suave do que o pão". Deve-se notar também o relativo esquecimento e impotência de Marcos tanto enquanto marido como enquanto rei. Tristão e Isolda inscrevem-se na limitação do poder conjugal e monárquico – o mito situa o amor na marginalidade, senão na rebelião.

Já se discutiu se o Mito de Tristão e Isolda baseia-se inteiramente no amor cortês ou se foge pelo menos parcialmente a este. Parece de fato que, mesmo na versão cortês, os aspectos descorteses (que se encontram na ideologia dos trovadores) marcam este mito. Christiane Marchello-Nizia enfatiza que a história situa-se fora da ética cortês nas relações entre o cavaleiro e sua dama: "A dama cortesã tem primeiramente a função civilizadora de integrar o rapaz na sociedade feudal e fazê-lo compartilhar os seus valores [...]. Ora, a história de Tristão parece consistir, bem ao contrário, em uma série de renúncias, como uma marginalização progressiva que acaba em morte. Nesta perspectiva, cabe examinar os disfarces de Tristão: ao oposto da dama cortesã, que incita à proeza das armas, o amor que ele nutre por Isolda estimula em Tristão não as faculdades guerreiras, mas sim a artimanha e a fabulação".

O interesse pelo Mito de Tristão e Isolda ainda fascinava o imaginário dos homens e mulheres dos séculos XV e XVI. Na metade do XV, o poeta inglês Malory compõe um *Tristam de Lyone* que alcança grande sucesso. No XVI, algumas baladas dinamarquesas são dedicadas à lenda. Em 1553, o alemão Hans Sachs escreve *Tristan mit Isolde*. Em 1580, é lançado um *Tristão e Isolda* em serbo-croata. Após o esquecimento dos séculos XVII e XVIII, o mito passa pelo habitual ressurgimento romântico. Em 1800, A.W. Schlegel compõe um *Tristão* que ficou inacabado; em 1804, Walter Scott edita *Sir Tristrem*; em 1831, uma saga de *Tristran* é publicada em islandês.

Na França, o renascimento e a difusão deste mito estão ligados à atividade erudita do século XIX. De 1835 a 1839, Francisque Michel edita o *corpus* dos romances em versos de Tristão. Em 1900, Joseph Bédier publica uma reconstituição moderna deste *corpus* sob o título *O romance de Tristão e Isolda*, atingindo um vasto público com o que ele próprio chama de "uma bela história de amor e de morte".

Neste meio-tempo, Tristão e Isolda revivem na poesia inglesa com os poemas de Matthew Arnold em 1852 e o *Tristram of Lyonesse*, de Swinburne. Eles ganharam uma nova vida sobretudo graças à música de Richard Wagner. Em 1854, este último elaborou o primeiro projeto de um *Tristão e Isolda* e, sob a influência de Schopenhauer, acentuou o caráter trágico e pessimista do mito, escrevendo ele mesmo, como de hábito, a letra ao mesmo tempo que a música. Ele termina *Tristão e Isolda* em 1859-1860, e a primeira representação acontece em 1865 no Hoftheater de Munique, sob a direção de Hans von Bülow no momento em que Wagner torna-se amante da mulher deste último, Cosima, filha de Liszt – da relação deles nasce uma filha, à qual eles dão o nome de Isolda.

Após a ópera no século XIX, é o cinema que no XX fornece ao Mito de Tristão e Isolda uma outra obra-prima, insuflando-lhe vida nova sob o signo fatal do amor e da morte. Trata-se de *O eterno retorno*, de Jean Delannoy, baseado em um texto de Jean Cocteau, no qual os amantes míticos são encarnados por Jean Marais e Madeleine Sologne.

19
O trovador, o troveiro

A palavra francesa *troubadour* vem do termo em provençal antigo *trobador*, surgido no século XII.

Para designar um dos poetas líricos que fundaram a literatura da Província de Languedoc e introduziram na Europa o que no final do século XIX chamou-se de amor cortês. O termo *trouvère* (troveiro) é a versão em língua de oïl[1] da palavra *trobador* e denota os poetas líricos que falavam esta língua e surgiram um pouco mais tarde na França do Norte, a exemplo dos trovadores occitanos. O termo vem de *trobar* em occitano, ou seja, *trouver* em francês (encontrar em português), e define um inventor de palavras e poemas. A ênfase no gênio criador do trovador, o seu papel cultural e social na Occitânia – e mais tarde no conjunto da Europa cristã dos séculos XII e XIII – são tamanhos que o trovador e o troveiro merecem figurar dentre os heróis

---

1. Derivada do latim, a língua de oïl foi uma das línguas galo-românicas que se desenvolveram no norte da Gália, ou seja, no que atualmente é o norte da França, o sul da Bélgica e as ilhas anglo-normandas. Após certas modificações, ela deu origem à língua francesa padrão. Sua correspondente meridional é a língua de oc ou occitana. Ambas as línguas são definidas pela maneira de dizer "sim": *oïl* e *oc*. Assim, o atual *oui* do francês vem de *oïl* [N.T.].

da Idade Média e que a literatura criada e os valores cantados – o amor, essencialmente – por eles devem ser considerados como maravilhas.

A literatura dos trovadores é uma criação laica elaborada nas cortes feudais do sul da França, primeiro na Aquitânia e na Provença, depois na Catalunha e na Itália do Norte.

Neste livro, os trovadores provam a multiplicidade dos lugares e das origens das principais culturas que compõem a cultura medieval. Já vimos a importância da cultura céltica. Pois bem, os trovadores demonstram a influência da occitana.

Os trovadores foram os inventores e chantres do *finámor*. Este último está parcialmente ligado à cortesania, ao ideal aristocrático de uma arte de viver que implica polidez, refinamento de modos, elegância, mas também senso da honra cavaleiresca.

O *finámor* é a relação amorosa que emprega uma arte de amar elaborada pelos trovadores. O objeto desta relação é uma mulher casada, que provoca no amante um sentimento que ele traduz fazendo-lhe a corte e expondo-lhe um pedido através de uma mensagem expressa pelos poemas ou canções dos trovadores. Esta relação decalca-se do modelo feudo-vassálico: a mulher amada é a dama (*mi dona* significa "monsenhor" em occitano), e o apaixonado, bem como o seu mensageiro trovador, o seu vassalo.

O objetivo do *finámor* é a satisfação afetiva e carnal que os trovadores chamam de *joy*. Já se definiu o *finámor* como "um erotismo do controle do desejo". Apesar de seus laços com a cortesania, a poesia dos trovadores também pode proceder de correntes anticortesãs. René Nelli afirma que existiram "em todas as épocas da lírica occitana 'poemas selvagens', pouco conformes ao ideal cortês e reagindo contra ele, nos quais se liberavam, de forma tão crua como nos cantos dos antigos *goliardos*[2], os instintos egoístas e misóginos daqueles barões indecentes e brigões. Estes poemas já foram considerados como literatura anticonformista, amor descortês e lírica obscena".

Um problema que ainda hoje é discutido é se os trovadores serviram à promoção e exaltação da mulher ou se foram apenas os álibis de uma misoginia fundamental da sociedade medieval. Jean-Charles Huchet define o *finámor* "como a arte do distanciamento da mulher pelas palavras". Além de servidores da dama, os trovadores também seriam os seus carcereiros. Já se apontou o quão a personagem do trovador e a sua produção literária e musical estavam ligadas a um centro aristocrático: a corte. O que é mais contestável é a importância que se quis atribuir, no mecenato dos trovadores, a algumas mulheres da alta nobreza. Enquanto é garantido o papel da viscondessa de Narbona Ermengarda (morta em 1196) e, na França de oïl, da Condessa Maria de Champagne (morta em 1198), filha do rei da França Luís VI e de Eleonor da Aquitânia e protetora entre outros do grande poeta Chrétien de Troyes, o mecenato de Eleonor da Aquitânia (1122-1204) é menos seguro.

O primeiro trovador a ter tido reconhecimento foi um grande senhor: Guilherme IX, nascido em 1071, duque da Aquitânia de 1086 a 1126, que transformou a sua capital Poitiers no centro do primeiro florescimento dos trovadores. Porém, embora seja um grande lírico, Guilherme IX também é um poeta obsceno e misógino. Já na metade do século XIII, sua *Vida* afirma: "O conde de Poitiers foi um dos maiores enganadores de mulheres. Ele sabia a arte de fazer versos

---

2. Os goliardos eram um grupo social composto por clérigos que se destacavam por sua atitude subversiva: eram errantes e compunham poemas satíricos e eróticos [N.T.].

e de cantar, e vagabundeou pelo mundo para melhor seduzir as mulheres".

A arte dos trovadores espalhou-se na França do Norte graças a novos heróis equivalentes a eles: os troveiros. As regiões em que os troveiros foram especialmente numerosos e ativos foram a Champagne, a Picardia e o Artois. Todavia, no século XIII eles dispersaram-se em toda a França de oïl, e a cidade de Arras, onde burgueses e troveiros encontravam-se em uma sociedade cultural, chamada de Puy, tornou-se um grande centro de poesia e música lírica. Na metade do século XII, o trovador occitano Jaufré Rudel, senhor de Blaye, que partira para as Cruzadas, inventou a poesia do *amor de lonh* (amor de longe). Na mesma época, Marcabru foi o primeiro poeta do *trobar clus*, ou seja, do "*trouver fermé*", "encontrar fechado", forma hermética da poesia dos trovadores que seduziu muitos europeus, inclusive o jovem Francisco de Assis.

Ao lado do amor, a guerra também foi um tema privilegiado pelos trovadores, que cantavam a proeza dos heróis guerreiros. Assim, Bertran de Born (1159-1195) declara:

> Eu bem vos digo, não me deleito tanto em comer, beber e dormir quanto em escutar gritarem: "Ao ataque!" dos dois lados, os cavalos desmontados relincharem, os homens clamarem: "Socorro, socorro" e em ver caírem humildes e grandes na relva dos fossos e lascas de lanças com sua chama espetadas nos flancos dos mortos.

No começo do século XIII, a Cruzada dos Albigeois perturbou a sociedade que criara os trovadores. E, ao longo do mesmo século, a obra destes últimos mudou, em especial ao se exprimirem em novos gêneros literários, tal como o romance *Flamenca*, escrito em Rouergue na segunda metade do século XIII pelo conjunto de pessoas próximas ao senhor de Roquefeuille, conta a história de um senhor enganado por sua jovem esposa e o seu amante. Elaboram-se sobretudo biografias dos trovadores, as *Vidas*, que fazem destes heróis literários heróis sociais também, *Vidas* completadas pelas *razos*, textos que ligam a vida e a obra do trovador à glória do *finámor*.

Da mesma forma, se o *status* social dos trovadores fora, desde o princípio, bastante diverso, incluindo lado a lado grandes senhores, pequenos e médios nobres, burgueses e plebeus a serviço de valores essencialmente aristocráticos, ao longo do século XIII o número de trovadores não nobres aumenta, embora sua produção continue frequentemente marcada pela cortesania.

Estima-se que Guiraut Riquier (aproximadamente 1230-1295), nascido em Narbona, de origem modesta, tendo trabalhado tanto para o visconde de Narbona quanto para o rei da França ou o rei de Castela, fora "o último trovador". Em todo caso, ele é o último grande poeta do *finámor*. Como derradeira novidade, no final do século XIII os trovadores cantavam cada vez mais uma dama excepcional cujo culto atingira um fervor extraordinário: a Virgem Maria.

Talvez de forma ainda mais clara do que com outros heróis do imaginário medieval, os trovadores voltaram a ser heróis da cultura, em especial na França, com o Romantismo. E mais: o renascimento das línguas e paixões regionais fez com que os trovadores revivessem no centro de um renascimento occitano. Enquanto Gaston Paris empregava a expressão "amor cortês" pela primeira vez em um artigo sobre Chrétien de Troyes em 1883, a expressão "estilo trovador" designava um estilo pseudogótico em arquitetura desde 1851, e os historiadores da literatura falavam de "gênero trovador" desde 1876.

Os trovadores ainda hoje são heróis bem integrados no imaginário europeu, presentes de modo privilegiado na memória occitana. Eles foram adotados pelas formas mais modernas e populares da cultura contemporânea, pertencendo tanto ao universo da publicidade quanto ao da nova música dos jovens. Uma banda de *rock* de Toulouse é a prova disto: ela se chama Fabulous Trobadors.

20
A valquíria

> Valquíria vem de dois termos da
> antiga língua nórdica que significam
> "caído" e "escolher".
> As valquírias parecem ter dado
> origem aos demônios dos mortos
> ou aos demônios psicopompos da
> mitologia escandinava.

Na época dos vikings, elas parecem ter-se transformado seja em amazonas, seja em filhas de Odin, o principal dos deuses escandinavos. Tratam-se de virgens que conduzem os heróis caídos gloriosamente nos campos de batalha ao paraíso primitivo dos escandinavos, o Valhalla. Há rastros das valquírias tanto na epopeia germânica do final do século XII, a *Canção dos nibelungos*, quanto em textos em verso ou em prosa que materializam lendas e cantos anteriormente difundidos de forma oral. Os principais deles são os cantos da *Edda poética*, cantos de deuses e heróis compostos entre os séculos IX e XII e contidos em um manuscrito islandês do último terço do século XIII, os da *Edda em prosa* do poeta islandês Snorri Sturluson (1179-1241), e a *Saga dos Volsungos*, que associa a linhagem dos Volsungos, ancestrais de Sigurd, ao principal deus da mitologia germânica: Odin.

Heroína imaginária, a valquíria figura aqui porque encarna a presença capital, ao lado do imaginário céltico, do imaginário escandinavo e germânico no medieval, legado ao europeu. Após Tristão e Isolda, ela também afirma a importância, na história, da herança do imaginário medieval na obra de Richard Wagner no século XIX.

As valquírias eram em geral nove ou às vezes doze. A valquíria, que se tornou uma heroína da epopeia medieval germânica, é representada desde o final do século XII pela personagem de Brunilda (Brynhild) na epopeia *Canção dos nibelungos*. Como ela desobedece a Odin, este pune-a fazendo-a dormir e retirando-lhe o *status* de valquíria. A partir de então, ela será uma simples mortal que deverá se casar com aquele que a acordar; mas ela faz o juramento de se casar somente com um homem que não souber o que é o medo. Brunilda é acordada pelo Rei Sigurd, e eles trocam juramentos de casamento sem para tanto consumi-lo. Brunilda casa-se, porém, com Gunnar ou Gunther, um Nibelungo, enquanto Sigurd desposa Gudrun (ou Kriemhild), irmã de Gunnar. Brunilda, com ciúmes e a honra ferida, exige de Gunnar a morte de Sigurd, mas é Gutthorn, um terceiro Nibelungo, que mata Sigurd durante o seu sono. Brunilda, arrasada de dor, suicida-se na fogueira funerária ao mesmo tempo que o cadáver de Sigurd.

O Mito da valquíria ilustra os casais formados por um ser sobrenatural e um mortal, em geral de condição cavaleiresca. A valquíria que se torna mortal não escapa à sua origem sobrenatural. Esta heroína também ilustra a importância da violência guerreira e da luta contra os monstros no imaginário medieval. Nele, a mulher é um ser ligado à morte.

A valquíria, que originalmente conduz os heróis guerreiros ao paraíso, acaba arrastando-os em um amor cujo termo fatal é a morte. Na ópera de Wagner, a valquíria Brunilda é a filha favorita do deus supremo Odin (Wotan), além de sua confidente. Ela tem oito irmãs. Wagner retoma em seguida a desobediência de Brunilda, que quer proteger Sigmund, filho do Rei Volsungo, bisneto de Odin. Voltando a ser criatura humana, Brunilda decide acompanhar o seu esposo Siegfried na morte, mas também incendeia Valhalla, destruindo o universo divino tradicional. Este crepúsculo dos deuses evoca evidentemente o de Artur e dos cavaleiros da Távola Redonda em *A morte do Rei Artur*, do início do século XIII. Sobre o imaginário medieval pairam definitivamente o signo da morte, mas também do renascimento, e os laços e metamorfoses entre mundo sobrenatural e humano.

Um ressurgimento destes heróis meio divinos, meio humanos, inclusive da valquíria, ocorrerá no século XX com o cinema, na obra-prima de Fritz Lang: *Os nibelungos* (1924).

Bibliografia

Introdução

Textos interessantes – desde a Idade Média até os dias de hoje – que evidenciam a difusão europeia de temas literários, dos quais alguns tratados aqui, encontram-se no extraordinário trabalho de:

JONIN, P. *L'Europe en vers au Moyen Âge* – Essai de thématique. Paris: Honoré Champion, 1996 [chevalerie, p. 351-369; jongleur, p. 529-540; merveille, p. 582-593].

LE GOFF, J. L'immaginario medievale. In: CAVALLO, G.; LEONARDI, C. & MENESCO, E. (orgs.). *Lo spazio letterario del Medioevo* – 1: Il Medioevo latino. Vol. IV – L'attualizzazione del testo. Roma: Salerno, 1997, p. 9-42.

1 Artur

Arthurus rex: Koning Arthur en Nederlanden – La Matière de Bretagne et les anciens Pays-Bas. Lovaina: catálogo de exposição, 1987.

BARBER, R. *King Arthur* – Hero and Legend. Woodbridge: Routledge, 1993.

BOUTET, D. *Charlemagne et Arthur, ou le Roi imaginaire*. Paris: Honoré Champion, 1992.

BRYANT, N. *The Legend of the Grail*. Woodbridge: Routledge, 2004.

CARDINI, F. *Il Santo Graal*. Florença: Giunti, 1997 [Dossiê Giunti].

CASTELNUOVO, E. (org.). *Le stanze di Artu* – Gli affreschi di frugarolo e l'immaginario cavalleresco nell'autunno del Medioevo. Milão: Electa, 1999.

CHAUOU, A. *L'Idéologie Plantagenêt* – Royauté arthurienne et monarchie politique dans l'espace Plantagenêt (XIIe-XIIIe siècles). Rennes: PUR, 2001.

FARAL, E. *La legende arthurienne*. 3 vol. Paris: Honoré Champion, 1929.

GARDNER, E.G. *The Arthurian Legend in Italian Literature*. Londres: JM Dent, 1930.

GEOFFROY DE MONMOUTH. *Histoire des rois de Bretagne*. Paris: Les Belles Lettres, 1992.

La legende arthurienne – Le Graal et la table ronde. Paris: Robert Laffont, 1989 [Prefácio de RÉGNIER-BOHLER, D. – Col. Bouquins].

LOOMIS, R.S. *Arthurian Literature in the Middle Ages*. Oxford: Clarendon Press, 1959.

LOOMIS, R.S. & LOOMIS, L.H. *Arthurian Legends in Medieval Art*. Nova York: Modern Language Association of America, 1938.

MARINO, J.B. *The Grail Legend in Modern Literature*. Woodbridge: Routledge, 2004.

MARKALE, J. *Le Roi Arthur et la société celtique*. Paris: Payot, 1976.

STÖRMER, W. "König Artus als aristokratisches Leitbid während des späten Mittelalters". *Zeitschrift für bayerische Landesgeschichte*, 35, 1972, p. 946-971.

SUARD, F. Arthur. In: VAUCHEZ, A. (org.). *Dictionnaire encyclopédique du Moyen Âge*. T. I. Paris: Cerf, 1997, p. 128-130.

VAN HOECKE, W.; TOURNY, G. & VERBEKE, W. (org.). *Arthurus rex* – Acta conventus Lovaniensis. Lovaina: [s.l.], 1991.

WHITAKER, M. *The Legend of King Arthur in Art*. Londres: Cambridge University Press, 1990.

2 A catedral

CLARK, K. *The Gothic Revival* – A Study in the History of Taste. Londres: [s.l.], 1928.

COLOMBIER, P. *Les chantiers des cathédrales*. Paris: Picard, 1973.

DUBY, G. *O tempo das catedrais* – A arte e a sociedade: 980-1420. Lisboa: Estampa, 1993.

ERLANDE-BRANDENBURG, A. Catedral. In: Le GOFF, J. & SCHMITT, J.-C. (org.). *Dicionário Temático do Ocidente Medieval*. Bauru/São Paulo: Edusc/Imprensa Oficial do Estado, 2002.

_____. *Quand les cathédrales étaient peintes*. Paris: Seuil, 1993.

_____. *Notre-Dame de Paris*. Paris: La Martinière, 1991.

_____. *La Cathédrale*. Paris: Fayard, 1989.

GUÉNET, F. & KINER, A. *La cathedrale*: livre de pierre. Paris: Presses de la Renaissance, 2004.

GY, P.-M. "Ecclésiologie de la cathédrale". In: Atas do congresso internacional. *IX Centenário de Dedicação da Sé de Braga*. Braga: Universidade Católica Portuguesa, 1990, p. 63-71.

KRAUS, H. *Gold was the Mortar* – The Economics of Cathedral Building. Londres: Routledge, 1979.

"La cathédrale, XIIe-XIVe siècle". *Cahiers de Fanjeaux*, n. 30, 1995.

"Les cathedrales de l'ouest de la France". *303*: arts, recherches et créations, 70, 3° trim./2001 [número especial].

"Les bâtisseurs de cathédrales". *L'Histoire*, dez./2000 [número especial].

Les Temps des Cathédrales [Série de televisão dirigida por Georges Duby].

Lumière gothique – Tomo I: Cathédrales de France. Tomo II: Cathédrales d'Europe. CD-Rom, 1996.

New Bulletin of the European Cathedral Association, 1. Milão, 1988 [revista especializada].

RECHT, R. *Le croire et le voir* – L'art des cathédrales (XIIe-XVe siècles). Paris: Gallimard, 1999.

SAUERLÄNDER, W. La cathédrale et la révolution. In: *L'Art et les révolutions*. Congresso de Estrasburgo, 1990, p. 67-106.

VAUCHEZ, A. La cathédrale. In: NORA, P. (org.). *Les lieux de mémoire* – III: Les Francs. 2. Traditions. Paris: Gallimard, 1992, p. 91-127.

"Toutes les cathédrales de France". *Notre Histoire*, jul.-ago./1996 [número especial].

Vingt siècles en cathédrales. Paris: Monum/Du Patrimoine, 2001 [Patronato de Jacques Le Goff, direção de Catherine Arminjon e de Denis Lavalle para a exposição de Reims em 2001].

3 Carlos Magno

BARBERO, A. *Carlo Magno*: un padre dell'Europa. Roma/Bari: Laterza, 2000.

BATHIAS-RASCALOU, C. *Charlemagne et l'Europe*. Paris: Vuibert, 2004.

BOUTET, D. *Charlemagne et Arthur, ou le Roi imaginaire*. Paris: Honoré Champion, 1992.

BRAUNFELS, W. (org.). *Charlemagne – Œuvre, rayonnement et survivances* [Catálogo de exposição realizada pela Prefeitura de Aquisgrana, 1965].

_____. *Karl der Grosse* – Lebenswerk und Nachleben. 5 vol. Düsseldorf: L. Schwann, 1965-1968.

Charlemagne et l'épopée romane. In: *Actes dutas do VII Congrèss Internacional da Société Rencesvalles*. Paris: Les Belles Lettres, 1978.

"Charlemagne, père de l'Europe?" *Histoire médiévale*, 53, mai./2004 [número especial].

"Dalla storia al mito: la leggenda di Carlo Magno". *Medioevo*, 11, nov./2002 [número especial].

EGINHARDO. *Vita Karoli* [Vida de Carlos – Texto em latim. Trad. francesa de HALPHEN, L. 6. ed. Paris: Les Belles Lettres, 1994. – Aconselho a trad. italiana por causa da introdução de LEONARDI, C. *Vita di Carlo Magno*. Roma: Salerno, 1980, p. 7-8].

FALKENSTEIN, L. "Charlemagne et Aix-la-Chapelle". *Byzantion*, 61, 1991, p. 231-289.

FAVIER, J. *Carlos Magno*. São Paulo: Estação Liberdade, 2004.

FOLZ, R. *Le couronnement impérial de Charlemagne*. Paris: Gallimard, 1964.

_____. *Le souvenir et la legende de Charlemagne dans l'Empire Germanique Médiéval*. Paris: Les Belles Lettres, 1950.

GRABOÏS, A. "Un mythe fondamental de l'histoire de France au Moyen Âge: le 'Roi David', précurseur du 'roi très chrétien'". *Revue Historique*, 287, 1992, p. 11-31.

La Saga de Charlemagne [Trad. francesa dos dez ramos da *Karlamagnús saga* nórdica por LACROIX, D.W. Paris: Le Livre de Poche, 2000].

MORRISSEY, R. *L'Empereur à la barbe fleurie* – Charlemagne dans la mythologie et l'histoire de France. Paris: Gallimard, 1997.

PARIS, G. *Histoire poétique de Charlemagne*. Paris, [1]1865, [2]1905 [Genebra: Slatkine Reprints, 1974].

RATKOWITSCH, C. *Karolus Magnus – alter Ænea, alter Martinus, alter Iustinus* – Zu Intention und Datierung des "Aachener Karlsepos". Viena: Osterreichische Akademic der Wissenschaften, 1997.

4 O castelo medieval

ALCOY, R. Château. In: BARRAL I ALTET, X. (org.). *Dictionnaire Critique d'Iconographie Occidentale*. Rennes: PUR, 2003, p. 185-188.

BONNASSIE, P. Castelo. In: *Dicionário de História Medieval*. Lisboa: Dom Quixote, 1985.

BOÜARD, M. *Manuel d'archéologie médiévale* – De la fouille à l'histoire. Paris: Société d'Édition d'Enseignement Supérieur, 1975, p. 76-132 [sobre as construções militares].

BROWN, R.A. *English Castles*. Londres: Boydell & Brewer, 2004.

BUR, M. Château. In: GAUVARD, C.; LIBERA, A. & ZINK, M. (org.). *Dictionnaire du Moyen Âge*. Paris: PUF, 2002, p. 274-276.

_____ *Le Château* – Typologie des sources du Moyen Âge Occidental, 79. Turnhout: Brepols, 1999.

CACIAGLI, G. *Il castello in Italia*. Florença: Giorgio Gambi, 1979.

CHAPELOT, J. *Le Château de Vincennes*: une résidence royale au Moyen Âge. Paris: CNRS, 1994.

CUCHE, F.-X. *La Vie de château* – Architecture, fonctions et représentations des châteaux et des palais du Moyen Âge à nos jours. Estrasburgo: Presses Universitaires de Strasbourg, 1998 [Atas do Colóquio de Estrasburgo, 1996].

FINÓ, J.F. *Castillos y armaduras de la Francia Feudal*. Córdoba: Ciudad Universitaria, 1960.

FOURNIER, G. *Le chateau dans la France Médiévale* – Essai de sociologie monumentale. Paris: Aubier, 1978.

GARDELLES, J. *Châteaux et Guerriers de France au Moyen Âge* – Tome IV: Le chateau, expression du monde féodal. Estrasburgo: Publitoral, 1980.

GIEYSZTOR, A. (org.). *Zamek Królewski w Warszawie* (O castelo real de Varsóvia). Varsóvia: PWN, 1973.

HUBERT, J. & HUBERT, M.-C. "Le chateau fort". *La Documentation Photographique*, n. 5-263, 1965. Paris.

LAURENT-SALCH, C. (org.). *L'Atlas des châteaux forts*. Estrasburgo: Centro de Estudos dos Castelos Medievais da Universidade de Estrasburgo/Publitoral, 1977 [4.969 castelos ainda existentes e 4.788 identificáveis].

LICINIO, R. *Castelli medievali* – Puglia e Basilicata: dai Normanni a Federico II e Carlo I d'Angiò. Bari: Dedalo, 1994.

MERTEN, K. (org.). *Burgen und Schlösser in Deutschland*. Munique: Paolo Marton, 1995.

MESQUI, J. *Châteaux et Enceintes de la France médiévale* – De la défense à la résidence. 2 vol. Paris: Picard, 1991-1993.

PERDRIZET, M.-P. *Le Moyen Âge au temps des chevaliers et des châteaux forts*. Paris: Nouvelle Encyclopédie Nathan, 1985.

PESEZ, J.-M. Castelo. In: LE GOFF, J. & SCHMITT, J.-C. (orgs.). *Dicionário Temático do Ocidente Medieval*. Bauru/São Paulo: Edusc/Imprensa Oficial do Estado, 2002.

POISSON, J.-M. (org.). *Le chateau médiéval*: forteresse habitée (XIe-XVIe siècle). Paris: Maison des Sciences de l'Homme, 1992.

RAPP, F. *Le chateau fort dans la vie médiévale* – Le château fort et la politique territoriale. Estrasburgo: Chantier d'Études Médiévales, 1968.

ROCOLLE, P. *Le temps des châteaux forts*: X^e-XVe siècles. Paris: Armand Colin, 1994.

TUMMERS, H.J. *Rheinromantik* – Romantik und Reisen am Rhein. Colônia: Greven, 1968.

WHEATLEY, A. *The Idea of the Castle in Medieval England*. Londres: York Medieval Press, 2004.

WILLEMSEN, C.A. *Castel del Monte* – Die Krone des Apuliens. Wiesbaden: Insel-Verlag, 1960.

5 O cavaleiro, a cavalaria

ARNOLD, B. *German Knighthood*: 1050-1300. Oxford: Oxford University Press, 1985.

BARBER, R. & BARKER, J. *Tournament*. Woodbridge: The Boydell Press, 1989 [Trad. francesa: *Les Tournois*. Paris: Companhie, 1989].

BARTHÉLEMY, D. Modern Mythology of Medieval Chevalry. In: LINEHAN, P. & NELSON, J. (orgs.). *Medieval World*. Londres/Nova York: Routledge, 2001, p. 214-228.

BORST, A. (org.). *Das Rittertum im Mittelalter*. Darmstadt: Wissenschaftliche Buchgesellschaft, 1976.

BUMKE, J. *Studien zum Ritterbegriff im 12. und 13. Jahrhundert*. Heidelberg, 1964.

CARDINI, F. O guerreiro e o cavaleiro. In: LE GOFF, J. (org.). *O homem medieval*. Barcarena: Presença, 1998.

CHÊNERIE, M.-L. *Le chevalier errant dans les romans arthuriens en vers des XIIe et XIIIe siècles*. Genebra: Droz, 1986.

CURTIUS, E.-R. "Das ritterliche Tugendsystem". In: *Europäische Literatur und lateinisches Mittelalter*. Berna: A. Francke, 1948 [Trad. portuguesa: "O sistema de virtudes cavaleirescas". In: *Literatura Europeia e Idade Média Latina*. São Paulo: Edusp/Hucitec, 1996].

DEMURGER, A. *Os Cavaleiros de Cristo*: templários, teutônicos, hospitalários e outras ordens militares na Idade Média. Rio de Janeiro: Zahar, 2002.

DE SMEDT, R. (org.). *Les Chevaliers de l'ordre de la Toison d'or au XVe siècle*: notices bio-bibliographiques. 2. ed. Frank-furt am Main: Peter Lang, 2000.

DUBY, G. *A sociedade cavaleiresca*. São Paulo: Martins Fontes, 1991.

_____. *Guilherme Marechal ou o melhor cavaleiro do mundo*. Rio de Janeiro: Graal, 1987.

FLECKENSTEIN, J. (org.). *Das ritterliche Turnier in Mittelalter*. Göttingen: Van den Hoeck/Ruprecht, 1985.

FLORI, J. *A cavalaria*. São Paulo: Madras, 2005.

_____. Cavalaria. In: LE GOFF, J. & SCHMITT, J.-C. (orgs.). *Dicionário Temático do Ocidente Medieval*. Bauru/São Paulo: Edusc/Imprensa Oficial do Estado, 2002.

_____. *Richard Cœur de Lion* – Le roi-chevalier. Paris: Fayard, 1999.

_____. *L'Idéologie du glaive* – Préhistoire de la chevalerie. Genebra: Droz, 1983.

FLORY, J. *Brève histoire de la chevalerie:* de l'histoire au mythe chevaleresque. Monsempron-Libos: Fragile, 1999.

FRAPPIER, J. *Amour courtois et Table Ronde*. Genebra: Droz, 1973.

GIROUARD, M. *The Return to Camelot*: Chivalry and the English Gentlemen. New Haven/Londres: Yale University Press, 1981.

KEEN, M. *Chivalry*. New Haven: Yale University Press, 1984.

KÖHLER, E. *Ideal und Wirklichkeit in der höfischen Epik*. Tübingen: Niemeyer, 1970 [Trad. Francesa: *L'Aventure chevaleresque* – Idéal et réalité dans le roman courtois. Paris: Gallimard, 1974].

LE RIDER, P. *Le chevalier dans le* Conte du Graal *de Chrétien de Troyes*. Paris: Sedes, 1978.

MARCHELLO-NIZIA, C. "Amour courtois, société masculine et figures du pouvoir". *Annales ESC*, 1981, p. 969-982 [Referência de Lacan com relação à homossexualidade: "O amor cortês permanece enigmático" (*O seminário*: livro 20 mais, ainda. Rio de Janeiro: Zahar, 1985)].

PAINTER, S. *French Chivalry*. Ithaca: Cornell University Press, 1957.

PARAVICINI, W. *Die ritterlich-höfische Kultur des Mittelalters*. Munique: Oldenbourg, 1994.

PERDRIZET, M.-P. *Le Moyen Âge au temps des chevaliers et des châteaux forts*. Paris: Nouvelle Encyclopédie Nathan, 1985.

RABEYROUX, A. Chevalier. In: BARRAL I ALTET, X. (org.). *Dictionnaire Critique d'Iconographie Occidentale*. Rennes: PUR, 2003, p. 192-193.

_____. *Richard Cœur de Lion:* histoire et legende. Paris: UGE, 1989 [Coleção 10/18].

ROUBAUD-BÉNICHOU, S. *Le roman de chevalerie en Espagne* – Entre Arthur et Don Quichotte. Paris: Honoré Champion, 2000.

RUIZ-DOMÈNEC, J.E. *La caballería o la imagen cortesana del mundo*. Gênova: Università di Genova, 1984.

STANESCO, M. *Jeux d'errance du chevalier médiéval, aspects ludiques de la fonction guerrière dans la littérature du Moyen Âge flamboyant*. Leiden: E.J. Brill, 1988.

VALE, M. *War and Chivalry*. Londres: [s.l.], 1981.

VERNIER, R. *The Flower of Chivalry Bertrand du Guesclin and the Hundred Years Old*. Londres: Boydell & Brewer, 2004.

6 El Cid

Texto

Cantar de mío Cid – Chanson de mon Cid. 2 vol. Gante: Scientifiques, 1982.

Chanson de mon Cid – Cantar de mío Cid. Paris: Aubier, 1996.

Estudos

Clássico

MENÉNDEZ PIDAL, R. *La España del Cid*. Madri: Espasa-Calpe, 1929.

Sobre o cantar

LACARRA, M.E. *El poema de mío Cid*: realidad histórica e ideología. Madri: Porrúa, 1980.

SMITH, C. *The Making of the "Poema de mío Cid"*. Cambridge: Cambridge University Press, 1983.

Sobre o Mito do Cid

EPALZA, M. & GUELLOUZ, S. *Le Cid, personnage historique et littéraire*. Paris: Maisonneuve et Larose, 1983.

FLETCHER, R. *Em busca de El Cid*. São Paulo: Unesp, 2000.

Imagens do Cid em resumo

AURELL, M. Cid (Le). In: VAUCHEZ, A. (org.). *Dictionnaire Encyclopédique du Moyen Âge*. T. I. Paris: Cerf, 1997, p. 329.

MENJOT, D. Cid (Le). In: GAUVARD, C.; LIBERA, A. & ZINK, M. (orgs.). *Dictionnaire du Moyen Âge*. Paris: PUF, 2002, p. 291.

7 O claustro

BRAUNFELS, W. *Abendländische Klosterbaukunst*. Colônia: DuMont, 1969.

CARRON-TOUCHARD, J. *Cloîtres romans de France*. Paris: Zodiaque, 1983.

EVANS, J. *Monastic Life at Cluny*: 910-1157. Oxford: Oxford University Press, 1931.

GERHARDS, A. "Clôture". *Dictionnaire Historique des Ordres Religieux*. Paris: Fayard, 1998, p. 160-162.

GOETZ, H.-W. Kloster und Münschleben. In: *Leben im Mittelalter vom 7 bis zum 13. Jahrhundert*. Munique: Beck, 1986, p. 65-113.

JACOBSEN, W. *Der Klosterplan von St. Gallen und die karolingische Architektur*. Berlim: Deutscher Verlag Für Kunstwissenschaft, 1992.

KLEIN, P.K. (org.). *Der mittelalterliche Kreuzgang* – The Medieval Cloisters; Le Cloître du Moyen Âge; Architektur, Funktion und Programm. Regensburgo: Schnell & Steiner, 2004.

LECLERCQ, H. "Cloître". *Dictionnaire d'Archéologie Chrétienne et de Liturgie*. T. 3, parte 2. Paris: Letouzey et Ané, 1914, p. 1991-2012.

LOPEZ, É. Clôture. In: VAUCHEZ, A. (org.). *Dictionnaire Encyclopédique du Moyen Âge*. Tomo I. Paris: Cerf, 1997, p. 346-347.

MALLET, G. Cloître. In: BARRAL I ALTET, X. (org.). *Dictionnaire Critique d'Iconographie Occidentale*. Rennes: PUR, 2003, p. 210-212.

MICCOLI, G. Os monges. In: LE GOFF, J. (org.). *O homem medieval*. Barcarena: Presença, 1998.

MOULIN, L *La vie quotidienne des religieux au Moyen Âge*: X^e-XVes. Paris: Hachette, 1978.

PRESSOUYRE, L. "St. Bernard to St. Francis: Monastic Ideals and Iconographic Programs in the Cloister". *Gesta*, XII, 1973, p. 71-92.

8 Cocanha

Texto francês do conto em versos de Cocanha

"Le Fabliau de Cocagne". In: VÄÄNÄNEN, V. (org.). *Neuphilologische Mitteilungen*. Helsinque, 1947, p. 3-36.

Textos em outras línguas

Em inglês

PLEIT, H. *Dreaming of Cockaigne* – Medieval Fantasies of the Perfect Life. Nova York: Columbia University Press, 2001 [Trad. inglesa da 1ª ed. em holandês de 1987].

"The Land of Cokaygne". In: DUNN, C.W. & BYRNES, E.T. *Middle English Literature*. Nova York: Harcourt Brace Jovanovick, 1973, p. 188-192.

Em alemão

SACHS, H. Das Schlaraffenland. In: GOETZE, E. & DRESCHER, C. *Sämtliche Fabeln und Schwänke*. Vol. I. Halle: M. Niemeyer, 1893, p. 8-11.

"Vom Schlaraffenland". In: HAUPT, M. & HOFFMANN, H. *Altdeutsche Blätter*. Vol. I. Leipzig: Brockhaus, 1836, p. 163-170.

Em italiano

BOCCACCIO, G. Decameron. *Novella*, VIII, 3.

CAMPORESI, P. *Il piacevole viaggio di Cuccagna* [Apêndice a *Carnevale, Cuccagna e pinochi di villa*, p. 93-97. Reproduzido em *Il paese della fame*. 2. ed. Bolonha: Il Mulino, 1985, p. 212-216].

Estudo global

FRANCO JÚNIOR, H. *Cocanha:* a história de um país imaginário. São Paulo: Companhia das Letras, 1998 [Trad. italiana com prefácio de LE GOFF, J. *Nel paese di Cuccagna* – La società medievale tra il sogno e la vita quotidiana. Roma: Volti della Storia, 2001].

Estudos

ACKERMANN, E. *Das Schlaraffenland in German Literature and Folksong* – Social aspects of an Earthly Paradise. Chicago: [s.l.], 1944.

BORGNET, G. Le pays de Cocagne dans la littérature allemande: des origines à Hans Sachs. In: BUSCHINGER, D. & SPIEWOK, W. (orgs.). *Gesellschaftsutopien im Mittelalter* – Dis-cours et figures de l'utopie au Moyen Âge. Greifswald [Atas do V Congresso anual da Sociedade Reineke, 1994, p. 15-27].

CAMPORESI, P. "Carnevale, Cuccagna e giuochi di villa". *Studi e Problemi di Critica Testuale*, 10, 1975, p. 57-97.

COCCHIARA, G. *Il mondo alla rovescia*. Turim: Boringhieri, 1963.

_____. *Il paese di Cuccagna e altri studi di folklore*. Turim: Boringhieri, ¹1956, ²1980.

DELPECH, F. Aspects des pays de Cocagne, programmes pour une recherche. In: LAFOND, J. & REDENO, A. (org.). *L'image du monde renversé et ses représentations littéraires et paralittéraires de la fin du XVIes au milieu du XVIIe*. Paris: Vrin, 1979, p. 35-48.

DELUMEAU, J. *La mort des pays de Cocagne*. Paris: Publications de la Sorbonne, 1976.

GRAF, A. "Il paese du Cuccagna e i paradisi artificiali". *Miti, leggende e superstizioni del Medioevo*, 1892-1893. Milão.

GRAUS, F. "Social utopias in the Middle Age". *Past and Present*, 38. 1967, p. 3-19.

LE GOFF, J. "L'utopie médiévale: le pays de Cocagne – Lumières, utopies, révolutions: Hommage à Bronislav Baezko". *Revue Européenne des Sciences Sociales*, 27, 1989, p. 271-286.

TROUSSON, R. *Voyages aux pays de nulle part* – Histoire littéraire de la pensée utopique. Bruxelas: Publication de l'Université, 1975.

9 O jogral

BALDWIN, J.W. "The Image of the Jongleur in northern France around 1200". *Speculum*, 72. 1997, p. 635.

CASAGRANDE, C. & VECCHIO, S. "Clercs et jongleurs dans la société médiévale, XIIe-XIIIe siècle". *Annales ESC*, 1979, p. 913-928.

CHARLES-DOMINIQUE, L. Du jongleur au ménétrier – Évolution du statut central des instrumentistes médiévaux. In: RAULT, C. (org.). *Instruments à cordes du Moyen Âge*. Grane: Créaphis, 1999, p. 29-47.

CLOUZOT, M. "*Homo ludens – Homo viator*: le jongleur au cœur des échanges culturels au Moyen Âge". In: *Actes du XXXIIe congrès de la SHMESP*. Boulogne-sur-Mer, mai./2001.

CLOUZOT, M. & MARCHESIN, I. *Le jongleur au Moyen Âge*. Paris: Gallimard, 2001 [Col. Le Temps des Images].

FARAL, E. *Les jongleurs en France au Moyen Âge*. Paris: Honoré Champion, 1910.

HARTUNG, W. *Die Spielleute* – Eine Randgruppe in der Gesellschaft des Mittelalters. Wiesbaden: Steiner, 1982.

Le Moyen Âge entre ordre et désordre [Catálogo da exposição da Cité de la musique de La Villette. Paris, 2004. Cf. principalmente CLOUZOT, M., p. 56-57].

MARCHESIN, I. "Les jongleurs dans les psautiers du haut Moyen Âge: nouvelles hypothèses sur la symbolique de l'histoire médiévale". *Cahiers de Civilisation Médiévale*, abr.-jun./1998, p. 127-139.

RYCHNER, J. *La chanson de geste* – Essai sur l'art épique des jongleurs. Genebra: Droz, 1967.

STANESCO, M. Jongleur. In: VAUCHEZ, A. (org.). *Dictionnaire Encyclopédique du Moyen Âge*. T. I. Paris: Cerf, 1997, p. 83.

ZINK, M. *Poésie et conversion au Moyen Âge*. Paris: PUF, 2003, p. 161-163 e 173-174.

_____. *O jogral de Nossa Senhora* – Contos cristãos da Idade Média. São Paulo: Quadrante, 2001.

_____. *Littérature française du Moyen Âge*. Paris: PUF, 1992 [Index/jongleurs].

ZUMTHOR, P. *A letra e a voz*. São Paulo: Companhia das Letras, 1993.

10 O unicórnio

BERSIER, J.-E. *Jean Duvet, le maitre a la licorne*. Paris: Berger Levrault, 1977.

BIANCIOTTO, G. *Bestiaire du Moyen Âge*. Paris: Stock, 1980 [Moyen Âge].

BOUDET, J.-P. *La dame a la licorne*. Toulouse: Le Pérégrinateur, 1999.

CARMODY, F.J. Physiologus latinus: Version Y. In: *Classical Philology* – II: University of California, 1941, p. 95-137.

CHIELLINI NARI, M. Licorne. In: VAUCHEZ, A. (org.). *Dictionnaire Encyclopédique du Moyen Âge*. Tomo I. Paris: Cerf, 1997, p. 893-894.

D'ASTORG, B. *Le Mythe de la Dame à la licorne*. Paris: Seuil, 1963.

ERLANDE-BRANDENBURG, A. & ROSE, C. *La dame à la licorne*. Paris: Michel Ascline, 1993.

GAY, V. & STERN, H. "Licorne". In: *Glossaire Archéologique du Moyen Âge et de la Renaissance*. 2 vol. Paris: [s.l.], 1885 e 1928.

GOTFREDSEN, L. *The Unicorn*. Londres: The Harvill Press, 1999.

GUGLIELMI, N. *El fisiologo*: bestiario medieval. Buenos Aires: Universitaria, 1971.

HENKEL, N. *Studien zum Physiologus im Mittelalter*. Tübingen: Niemeyer, 1976, cf. principalmente p. 168-171.

JACQUART, D. Physiologus. In: VAUCHEZ, A. (org.). *Dictionnaire Encyclopédique du Moyen Âge*. Op. cit., p. 1.209-1.210.

JOUBERT, F. *La tapisserie médiévale*. Paris: Musée National du Moyen Âge/Réunion des Musées Nationaux, [1]1987, [3]2003.

KENDRICK, A.F. "Quelques remarques sur la 'Dame à la licorne' du Musée de Cluny (allégorie des cinq sens?)". In: *Actes du Congrès d'Histoire de l'art*. T. III. Paris, 1924, p. 662-666.

MAURICE, J. Bestiaires. In: GAUVARD, C.; LIBERA, A. & ZINK, M. (orgs.). *Dictionnaire du Moyen Âge*. Paris: PUF, 2002, p. 161-163.

PLANCHE, A. "Deux monstres ambigus: licorne et lycanthrope". In: *Démons et Merveilles au Moyen Âge*. [s.l.]: Université de Nice-Sophia Antipolis, 1990, p. 153-170 [Colóquio internacional de Nice, 1987].

REYNAUD, N. "Un peintre français cartonnier de tapisserie au XVe siècle, Henry de Valay". *Revue de l'art*, 22, 1973, p. 6-21.

SCHNEEBALG-PERELMAN, S. "La Dame à la licorne a été tissée à Bruxelles". *Gazette des Beaux-arts*, 70, 1967, p. 253-278.

SEGRE, C. & FERY-HUE, F. "Bestiaires". *Dictionnaire des Lettres Françaises*: le Moyen Âge. Paris: Fayard, 1964, p. 171-173.

11 Melusina

BOIVIN, J.-M. & MACCANA, P. (orgs.). *Mélusines continentales et insulaires*. Paris: Honoré Champion, 1999.

CLIER-COLOMBANI, F. *La fee Melusine au Moyen Âge*: Images, mythes et symboles. Paris: Le Léopard d'Or, 1881.

COUDRETTE. *Le roman de Mélusine*. Paris: Garnier/Flammarion, 1993.

HARF-LANCNER, L. *Le monde des fées dans l'Occident Médiéval*. Paris: Hachette, 2003.

_____. Melusina. In: BRUNEL, P. (org.). *Dicionário de Mitos Literários*. Rio de Janeiro: José Olympio, 1997.

_____. "La vraie histoire de la fée Mélusine". *L'Histoire*, 119. fev./1989, p. 8-15.

_____. *Les fees au Moyen Âge* – Morgane et Mélusine: la naissance des fées. Paris: Honoré Champion, ¹1984, ²1991.

JEAN D'ARRAS. *Mélusine ou la noble histoire de Lusignan*. Paris: Le Livre de Poche, 2003 [Col. Lettres Gothiques].

_____. *Romance de Melusina ou a história dos Lusignan*. São Paulo: Martins Fontes, 1999.

_____. *Mélusine* – Le Roman de Mélusine ou l'histoire des Lusignan). Paris: Stock, 1979 [Prefácio de LE GOFF, J. Col. Moyen Âge].

LECOUTEUX, C. *Mélusine et le Chevalier au Cygne*. Paris: Payot, 1982 [Prefácio de LE GOFF, J.]

_____. "La structure des légendes mélusiniennes". *Annales ESC*, 1978, p. 294-306.

LE GOFF, J. "Melusina maternal e arroteadora". In: *Para um novo conceito de Idade Média*. Lisboa: Estampa, 1980 [Originalmente em *Annales ESC*, 1971].

LUND, B. *Melusine und Merlin im Mittelalter* – Entwürfe und Modelle weiblicher Existenz im Beziehungsdiskurs der Geschlechter. Munique: [s.e.], 1991.

MADDOX, D. & STURM-MADDOX, S. (orgs.). *Melusine of Lusignan* – Founding Fiction in Late Medieval France. Atenas: The University of Georgia Press, 1996.

Mélusine. *Wodan*, vol. 65. 1996 [Atas do Colóquio do Centro de Estudos Medievais da Universidade de Picardia].

PILLARD, G.-E. *La Déesse Mélusine*: mythologie d'une fee. Maulévrier: Hérault, 1989.

PINTO-MATHIEU, E. *Le Roman de Mélusine de Coudrette et son adaptation allemande dans le roman en prose de Thüring von Ringoltingen*. Göppingen: Kummerle, 1990.

SERGENT, B. "Cinq études sur Mélusine". *Mythologie Française*, 177, 1995, p. 27-38.

THÜRING VON RINGOLTINGEN. *Mélusine et autres récits*. Paris: Honoré Champion, 1999.

VINCENSINI, J.-J. Modernité de Mélusine dans *Le dernier Chant de Malaterre*, de François Bourgeon. In: GALLY, M. (org.). *La trace médiévale e les écrivains d'aujourd'hui*. Paris: PUF, 2000, p. 163-178 [Col. Perspectives littéraires].

_____. Mélusine ou la vertu de la trahison – Notes sur la vraisemblance dans les récits mélusiniens. In: DUBOST, F. (org.). "Merveilleux et fantastique dans la littérature du Moyen Âge". *Revue des Langues Romanes*, 101, 1996, p. 35-48 [número especial].

Para os jovens de 11-13 anos

PERRET, M. *La legende de Mélusine*. Paris: Flammarion, 1997 [Col. Castor-Junior].

12 Merlin

BAUMGARTNER, E. *Merlin le Prophète ou Livre du Graal*. Paris: Stock, 1980 [Col. "Moyen Âge"].

BERTHELOT, A. Merlin. In: GAUVARD, C.; LIBERA, A. & ZINK, M. (orgs.). *Dictionnaire du Moyen Âge*. Paris: PUF, 2002, p. 903-904.

BLOCH, R.H. Merlin and the Modes of Medieval Legal Meaning. In: BRIND'AMOUR, L. & VANCE, E. (orgs.). *Archéologie du Signe*. Toronto: Pontifical Institute, 1983, p. 127-144.

HARDING, C.E. *Merlin and Legendary Romance*. Nova York/Londres: Garland, 1988.

MICHA, A. "Merlin". *Dictionnaire des lettres françaises* – Le Moyen Âge. [s.l.]: Fayard, 1964, p. 1.098-1.099.

MICHA, A. (org.). *Merlin*. Genebra: Droz, 1980.

REEVES, M. *The Influence of Prophecy in the Later Middle Ages* – A Study in Joachimism. Oxford: Clarendon Press, 1969.

RUSCONI, R. *Profezia e profeti alla fine del Medioevo*. Roma: Viella, 1999.

SUARD, F. Merlin. In: VAUCHEZ, A. (org.). *Dictionnaire Encyclopédique du Moyen Âge*. T. I. Paris: Cerf, 1997, p. 989.

VAUCHEZ, A. (org.). *Les textes prophétiques et la prophétie en Occident:* XIIe-XVIe siècles. Roma: École Française, 1990.

ZUMTHOR, P. *Merlin le Prophète:* un thème de la littérature prophétique de l'historiographie et des romans. Genebra: Droz, ¹1943, ²2000.

13 O Bando Hellequin

Textos

MEISEN, K. *Die Sagen von Wütenden Heer und Wilden Jäger.* Münster in Westphalia, 1935 [Trad. italiana: BARILLARI, S.M. *La leggenda del cacciatore furioso e della Caccia selvuggia.* Alessandria: Dell'Orso, 2001.

Estudos

LE GOFF, J. & SCHMITT, J.-C. (orgs.). *Le Charivari.* Paris/La Haye/Nova York: Mouton, 1981 [colóquio].

BOUET, P. La Mesnie Hellequin dans l'*Historia Ecclesiastica* d'Orderic Vital. In: *Mélanges Kerlouégan.* Besançon: Presses Universitaires de Franche-Comté, 1994, p. 61-68.

CARDINI, F. *Magia, stregoneria, superstizioni nell'Occidente Medievale.* Florença: La Nuova Italia, 1979.

COHEN, G. Survivances modernes de la Mesnie Hellequin. *Bulletin de l'Académie Royale de Belgique,* 1948, p. 32-47.

ENDTER, A. *Die Sage von wilden Jäger und von der wilde Jagd* – Studien über den deutschen Dämonenglauben. Frankfurt am Main: [s.e.], 1933.

GINZBURG, C. *Storia notturna:* Una decifrazione del sabba. Turim: Einaudi, 1989.

HARF-LANCNER, L. La Mesnie Hellequin et les revenants. In: *Le Monde des fées dans l'Occident médiéval.* Paris: Hachette, 2003, p. 164ss.

_____. L'enfer de la cour d'Henri II Plantagenêt et la Mesnie Hellequin. In: *L'état et les aristocrates:* XIIe-XVIIes. Paris: ENS, 1959, p. 27-50.

LECOUTEUX, C. *Chasses fantastiques et cohortes de la nuit au Moyen Âge.* Paris: Imago, 1999.

SCHMITT, J.-C. *Les corps, les rites, les reves, le temps* – Essais d'anthropologie médiévale. Paris: Gallimard, 2001 (cf. o cap. IX: "Les masques, le diable, les morts", sobre algazarra e o Bando Hellequin).

_____. *Os vivos e os mortos na sociedade medieval*. São Paulo: Companhia das Letras, 1999 (cf. o cap. V sobre o Bando Hellequin).

SPADA, D. *La caccia selvaggia*. Milão: Barbarossa, 1994.

UHL, P. "Hellequin et Fortune: le trajet d'un couple emblématique". *Perspectives Médiévales*, XV, 1989, p. 85-89.

VARVARO, A. *Apparizioni fantastiche* – Tradizioni folcloriche e litterature nel Medioevo: Walter Map. Bolonha: Il Mulino, 1994.

WALTER, P. "La Mesnie Hellequin: mythe calendaire et mémoire rituelle. *Iris*, 18, 1999, p. 51-71.

_____. *Le mythe de la chasse sauvage dans l'Europe médiévale*. Paris: Honoré Champion, 1997.

14 A Papisa Joana

BOUREAU, A. *La Papesse Jeanne*. Paris: Flammarion, 1988.

D'ONOFRIO, C. *La Papessa Giovanna* – Roma e papato tra storia e leggende. Roma: [s.e.], 1979.

PARAVICINI BAGLIANI, A. *Il corpo del papa*. Turim: Einaudi, 1994.

PARDOE, R. & PARDOE, D. *The Female Pope*: the Mystery of Pope Joan. Wellingborough: [s.e.], 1988.

PETOIA, E. "Scandalo a San Pietro". *Medioevo*, 87. abr./2004, p. 69-73.

VON DÖLLINGER, I. *Die Papstfabeln des Mittelalters* – Ein Beitrag zur Kirchengeschichte. Munique, 1863 [ed. aumentada: Stuttgart, 1890].

15 Renart, o raposo

Textos

L'évasion d'un prisonnier – Ecbasis cujusdam captivi [Ed. e trad. francesa de MUNIER, C. Paris: CNRS/Brepols, 1998].

Le Goupil et le Paysan – Roman de Renart, branche X [Textos reunidos por DUFOURNET, J. Paris: Honoré Champion, 1990].

Le roman de Renart [Ed. e trad. francesa de STRUBEL, A. Paris: Gallimard, 1998 (Col. Bibliothèque de la Pléiade)].

Le roman de Renart. 2 vol. [Texto reunido e trad. francesa por DUFOURNET, J. & MÉLINE, A. Paris: Classiques Garnier-Flammarion, 1985].

Le roman d'Ysengrin [Trad. francesa de CHARBONNIER, E. Paris: Les Belles Lettres, 1991].

Reinhart Fuchs [Trad. para o alemão moderno de SPIEWOK, W. Leipzig: Reclam, 1977].

Une oeuvre – Le Roman de Renart: *un thème, société animale et société humaine* [Apres. de ARNALDI, A. & ANGLADE, N. Paris: Les Classiques Hatier, 1977].

Para os jovens

KAWA-TOPOR, X. & BACHELIER, B. *Mon roman de Renart*. Paris: Actes Sud Junior, 2004 [inclui CD].

Estudos

BATANY, J. *Scènes et coulisses du roman de Renart*. Paris: Sedes, 1989.

BELLON, R. "Roman de Renart". In: GAUVARD, C.; LIBERA, A. & ZINK, M. (orgs.). *Dictionnaire du Moyen Âge*. Paris: PUF, 2002, p. 1.243-1.244.

_____. "Trickery as an Element of Character of Renart". *Forum for Modern Language Studies*, XXII, 1, 1986, p. 34-52.

BOSSUAT, R. *Le roman de Renard*. Paris: Hatier, [1]1957, [2]1967.

BOSSUAT, R. & LEFÈVRE, S. "Roman de Renart". *Dictionnaire des Lettres Françaises* – Le Moyen Âge. Paris: Le Livre de Poche, nova ed., 1992, p. 1.312-1.315.

BUSCHINGER, D. & PASTRÉ, J.-M. *Fuchs Reinhart*. Greifswald: Reineke, 1993.

COMBARIEU DU GRÈS, M. & SUBRÉNAT, J. *Le roman de Renart*: index des thèmes et des personnages. Aix-en-Provence: Senefiance, 1987.

DELORT, R. *Les animaux ont une histoire*. Paris: Seuil, 1984.

DRAGONETTI, R. "Renart est mort, Renart est vif, Renart règne". *Critique*, 375-376. 1879, p. 783-798 [Retomado em *La Musique et les Lettres*. Genebra: Droz, 1986, p. 419-434].

FLINN, J. *Le roman de Renart dans la littérature française et dans les littératures étrangères au Moyen Âge*. Paris/Toronto, 1963.

FOULET, L. *Le roman de Renard*. Paris: [s.e.], 1914.

GOULLET, M. Ecbasis cujusdam captivi. In: GAUVARD, C.; LIBERA, A. & ZINK, M. (orgs.). *Dictionnaire du Moyen Âge*. Paris: PUF, 2002, p. 458.

PASTRÉ, J.-M. *Reinhart Fuchs*. In: GAUVARD, C.; LIBERA, A. & ZINK, M. (orgs.). *Dictionnaire du Moyen Âge*. Paris: PUF, 2002, p. 1.192-1.194.

REICHLER, C. *La diabolie*: la séduction, la renardie, l'écriture. Paris: Minuit, 1979.

"Renart". *Lexicon des Mittelalters*, vol. VII/4, 1994, p. 720-724.

RIVALS, C. (org.). *Le Rire de Goupil* – Renard, prince de l'entre-deux. Toulouse: Le Tournefeuille, 1998.

ROUSSEL, H. *Renart le Nouvel de Jacquemart Gielée:* étude litteraire. Lille: [s.e.], 1984.

SCHEIDEGGER, J. *Le roman de Renart ou le texte de la dérision*. Genebra: Droz, 1989.

STRUBEL, A. *La Rose, Renart et le Graal*. Paris: Slatkine, 1989.

TILLIETTE, J.-Y. Ysengrinus. In: GAUVARD, C.; LIBERA, A. & ZINK, M. (orgs.). *Dictionnaire du Moyen Âge*. Paris: PUF, 2002, p. 1.483.

VARTY, K. *Reynard the Fox* – A Study of the Fox in Medieval English Art. [s.l.]: Leicester University, 1967.

VOISENET, J. *Bêtes et hommes dans le monde médiéval* – Le bestiaire des clercs du Ve au XIIe siècle. Turnhout: Brepols, 2000 [Prefácio de LE GOFF, J.].

_____. *Bestiaire chrétien* – L'imagerie animale des auteurs du haut-Moyen Âge: V^e-XIe siècles. Toulouse: Privat, 1994.

Obs.: Desde 1988 existe a Sociedade Internacional de Estudos sobre o *Roman de Renart*, que publica uma revista anual: *Reinardus. Yearbook of the International Reynard Society*, em Grave, na Holanda.

16 Robin Hood

DOBSON, R.B. & TAYLOR, J. *Rymes of Robin Hood*. Londres: Heinemann, 1976.

GLEISSNER, R. "Robin Hood". *Lexicon des Mittelalters*. Vol. VII/5, 1994, p. 919-920.

HOLT, J.C. *Robin Hood*. Londres: Thames and Hudson, 1982.

POLLARD, A.J. *Imagining Robin Hood* – The Late Medieval Stories in Historical Context. Woodbridge: Routledge, 2004.

17 Rolando

Texto

Chanson de Roland. Ed. e trad. de BÉDIER, J. 6. ed, 1937. • de MOIGNET, G. 3. ed. Paris: Bordas, 1972. • de JONIN, P. Paris: Gallimard, 1979 [Col. Folio]. • de SHORT, J. Paris: Le Livre de Poche, 1990 [Col. Lettres Gothiques]. • de DUFOURNET, J. Paris: Garnier/Flammarion, 1993. • de SEGRE, C. Genebra: Droz, 2003.

Estudos

AMALVI, C. "La *Chanson de Roland* et l'image de Roland dans la littérature scolaire en France de 1815 à 1914". In: *De l'art et la manière d'accommoder les héros de l'histoire de France* – De Vercingétorix à la Révolution. Paris: Albin Michel, 1988, p. 89-111.

BURGER, A. *Turold:* poète de la fidélité. Genebra: Droz, 1977.

DUFOURNET, J. *Cours sur la Chanson de Roland*. Paris: CDU, 1972.

GALLETTI, A.I. & RODA, R. *Sulle orme di Orlando* – Leggende e luoghi carolingi in Italia; I paladini di Francia nella tradizioni italiane; Una proposta storico-anthropologica. Pádua: Interbooks, 1987.

HORRENT, J. "Roland (Chanson de)". *Dictionnaire des Lettres françaises* – Le Moyen Âge. Paris: Le Livre de Poche, 1992, p. 1.299-1.304.

KELLER, H.-E. *Autour de Roland* – Recherches sur la chanson de geste. Paris: Honoré Champion, 1989.

LAFONT, R. *La geste de Roland*. 2 vol. Paris: L'Harmattan, 1991.

LE GENTIL, P. *La chanson de Roland*. Paris: Hatier, 1955.

LEJEUNE, R. "Le héros Roland, mythe ou personnage historique?" *Académie royale de Belgique* – Bulletin de la classe des lettres et des sciences morales et politiques. 5. série, t. 65. 1979, p. 145-165.

LEJEUNE, R. & STIENNON, J. Le héros Roland, neveu de Charlemagne. In: BRAUNFELS, W. (org.). *Karl der Grosse*. Vol. IV. Düsseldorf: L. Schwann, 1967.

_____. *La legende de Roland dans l'art du Moyen Âge*. 2 vol. Liège: [s.e.], 1965.

MANDACH, A. *La chanson de Roland*: transfert du mythe dans le monde occidental et oriental. Genebra: Droz, 1993.

MENÉNDEZ PIDAL, R. *La chanson de Roland y el neotradicionalismo* – Origenes de la épica románica. Madri: Espasa Calpe, 1959.

RONCAGLIA, A. "Roland e il peccato di Carlomagno". In: *Mélanges Martin de Riquet*. Barcelona: [s.e.], 1986, p. 315-348.

ROQUES, M. "L'attitude du héros mourant dans *La chanson de Roland*". *Romania*, LXVI, 1940, p. 355-366.

18 Tristão e Isolda

Texto

BÉROUL. *Tristan et Iseut*. Ed. de POIRION, Daniel, prefácio de MARCHELLO-NIZIA, Christiane. Paris: Gallimard, 2000 [Col. Folio Classique].

Le roman de Tristan et Iseut renouvelé par Joseph Bédier. Paris: Piazza, 1900.

MARCHELLO-NIZIA, C. (org.). *Tristan et Yseut*: les premières versions européennes. Paris: Gallimard, 1995 [Col. Bibliothèque de la Pléiade].

MARY, A. *La merveilleuse histoire de Tristan et Iseut restituée par André Mary*. Paris: Gallimard, 1973 [Col. Folio Classique].

PAYEN, J.-C. (org.). *Tristan et Iseut* – Les "Tristan" en vers. Paris: Garnier, 1974.

Tristan et Iseut – Les poèmes français, la saga norroise. Paris: Le Livre de Poche, 1989 [Col. Lettres gothiques].

Estudos

BAUMGARTNER, E. *La harpe et l'Épée* – Tradition et renouvellement dans le "Tristan" en prose. Paris: Sedes, 1990.

_____. *Tristan et Iseut*: de la légende aux récits en vers. Paris: PUF, 1987.

BUSCHINGER, D. (org.). *Tristan et Yseut*: mythe européen et mondial. Göttingen: [s.e.], 1987 [Atas do Colóquio de Amiens, 1986].

_____. *La legende de Tristan au Moyen Âge*. Göttingen: [s.e.], 1982 [Atas do Colóquio de Amiens, 1982].

CAZENAVE, M. *Le philtre et l'amour* – La légende de Tristan et Iseut. Paris: José Corti, 1969.

CHOCHEYRAS, J. *Tristan et Iseut:* genese d'un mythe littéraire. Paris: Honoré Champion, 1996.

FRAPPIER, J. "Structure et sens du Tristan: version commune, version courtoise". *Cahiers de Civilisation Médiévale*, 6. 1963, p. 255-280 e 441-454.

FRITZ, J.-M. "Tristan (légende de)" e "Tristan en prose". *Dictionnaire des Lettres Françaises* – Le Moyen Âge. Paris: Fayard, [2]1991, p. 1.445-1.448 e 1.448-1.450 respectivamente.

HEIJKANT, M.-J. (org.). *Tristano Riccardiano*. Parma: Pratiche, 1991.

KLEINHENZ, C. "Tristan in Italy: the Death or Rebirth of a Legend". *Studies in Medieval Culture*, 5, 1975, p. 145-158.

LEJEUNE, R. Les noms de Tristan et Iseut dans l'anthroponymie médiévale. In: *Mélanges offerts à Jean Frappier*. T. II. Genebra: Droz, 1970, p. 525-630.

MIQUEL, A. *Deux histoires d'amour*: de Majnün à Tristan. Paris: Odile Jacob, 1995.

PASTOUREAU, M. Les armoiries de Tristan. In: *L'Hermine et le Sinople* – Études d'héraldisme médiéval. Paris: Le Léopard d'Or, 1982, p. 279-298.

PAYEN, J.-C. "Lancelot contre Tristan: la conjuration d'un mythe subversif – Réflexions sur l'idéologie romanesque au Moyen Âge. In: *Mélanges de langue et de littérature médiévales offerts à Pierre Le Gentil*. Paris: Sedes, 1973, p. 617-632.

POIRION, D. "Le Tristan de Béroul: récit, légende et mythe". *L'Information littéraire*, XXVI, 1974, p. 159-207.

RIBARD, J. *Du philtre au Graal* – Pour une interprétation théologique du roman de "Tristan" et du "Conte du Graal". Genebra: Slatkine, 1989.

ROUGEMONT, D. *O amor e o Ocidente*. Rio de Janeiro: Guanabara, 1988.

WAGNER, R. *Tristan et Isolde*. Paris: Gallimard, 1996 [Col. Folio Théâtre].

WALTER, P. *Le Gant de verre* – Le Mythe de Tristan et Yseut. La Gacilly: Artus, 1990.

19 O trovador, o troveiro

Música

AUBREY, E. *The Music of the Troubadours*. Bloomington/Indiana: Indiana University Press, 1996.

WERF, H. & BOND, G.A. *The Extant Troubadours Melodies*. Nova York: Rochester, 1984.

Textos

AURELL, M. *La vielle et l'épee* – Troubadours et politique en Provence au XIIIe siècle. Paris: Aubier, 1989.

BEC, P. *Anthologie des troubadours*. Paris: UGE, ^{1}1979, ^{2}1985 [Col. 10/18].

_____. *Burlesque et obscénité chez les troubadours*. Paris: Stock, 1984.

BOUTIÈRE, J.; SCHUTZ, A.H. & CLUZEL, I.-M. *Biographies des troubadours* – Textes provençaux des XIIIe et XIVe siècles. Paris: A.G. Nizet, 1973.

JEANROY, A. *Anthologie des troubadours, XIIe et XIIIe siècles*. Paris: A.G. Nizet, 1974.

LAVAUD, R. & NELLI, R. *Les troubadours*. 2 vol. Bruges: Desclée de Brouwer, 1960/1966.

RIQUER, M. *Los trovadores*: historia literaria y textos. 3 vol. Barcelona: Ariel, 1975.

ROSENBERG, S.N.; TISCHLER, H. & GROSSEL, M.-G. *Chansons de trouvères* – "Chanter m'estuet". Paris: Le Livre de Poche, 1995 [Col. "Lettres Gothiques"].

Estudos

BRUNEL-LOBRICHON, G. "Troubadours". *Dictionnaire des Lettres Françaises* – Le Moyen Âge. Paris: Le Livre de Poche, 1992, p. 1.456-1.458.

BRUNEL-LOBRICHON, G. & DUHAMEL-AMADO, C. *Au temps des troubadours:* XIIe-XIIIe siècles. Paris: Hachette, 1997.

CHEYETTE, F.L. *Ermengard of Narbonne and the World of the Troubadours*. Ithaca: Cornell University Press, ^{1}2001, ^{2}2004.

CROPP, G.M. *Le Vocabulaire Courtois des Troubadours de l'Époque Classique*. Genebra: Droz, 1975.

HUCHET, J.-C. Vidas et razos. In: GAUVARD, C.; LIBERA, A. & ZINK, M. (orgs.). *Dictionnaire du Moyen Âge*. Paris: PUF, 2002, p. 1.446-1.447.

_____. *L'amour discourtois* – La "fine amor" chez les premiers troubadours. Toulouse: Privat, 1987.

KAY, S. *Subjectivity in Troubadour Poetry*. Cambridge: Cambridge University Press, 1990.

KÖHLER, E. *Trobadorlyrik und höfischer Roman*. Berlim: Rütten und Loening, 1962 [Trad. francesa com prefácio de LE GOFF, J.: *L'aventure chevaleresque*: ideal et réalité dans le romain courtois. Paris: Gallimard, 1974].

_____. "Observations historiques et sociologiques sur la poésie des troubadours". *Cahiers de Civilisation Médiévale*, VI, 1964, p. 27-51.

MARROU, H.-I. *Les Troubadours*. Paris: Seuil, 1971.

MONSON, D.A. "The Troubadour's Lady Reconsidered Again". *Speculum*, 70, 1995, p. 255-274.

MURAILLE, G. "Trouvères lyriques". *Dictionnaire des Lettres Françaises* – Le Moyen Âge. Paris: Fayard, 1964, p. 1.458-1.463.

NELLI, R. *Écrivains anti-conformistes du Moyen Âge Occitan*. 2 vol. Paris: Phébus, 1977.

_____. *L'érotique des troubadours*. 2 vol. Paris: UGE, 1974 [Col. 10/18].

PADEN, W.D. "The Troubadour's Lady as seen through Thick History". *Exemplaria*, 11, 1999, p. 221-244.

_____. *The Voice of the Trobairitz* – Perspectives on the Women Troubadours. Filadélfia: University of Pennsylvannia Press, 1989.

PATERSON, L. *The World of the Troubadours* – Medieval Occitan Society c. 1100-1300. Cambridge: Cambridge University Press, 1993.

PAYEN, J.-C. *Le Prince d'Aquitaine* – Essai sur Guillaume IX: son oeuvre et son érotique. Paris: Honoré Champion, 1980.

RÉGNIER-BOHLER, D. "Amour courtois". In: LE GOFF, J. & SCHMITT, J.-C. (org.). *Dicionário Temático do Ocidente Medieval*. Bauru/São Paulo: Edusc/Imprensa Oficial do Estado, 2002.

ROUBAUD, J. *La fleur inverse* – Essais sur l'art formel des troubadours. Paris: Ramsay, 1986.

_____. *Les troubadours*. Paris: Seghers, 1980.

WARNING, R. "Moi lyrique et société chez les troubadours". In: BRIND'AMOUR, L. & VANCE, E. (org.). "Archéologie du signe". *Papers in Medieval Studies*, 3, 1983. Toronto.

ZUCCHETO, G. *Terre des troubadours*: XIIe-XIIIe siècles. Paris: [s.e.], 1996 [inclui CD].

20 A valquíria

Textos

La Chanson des Nibelungen. Paris: Gallimard, 2001 [Col. L'Aube des Peuples].

D'ARIÈGES, J. *Richard Wagner*: La Walkyrie. Paris: Aubier/Flammarion, 1970 [Edição bilíngue].

Estudos

BOYER, R. *La religion des anciens scandinaves*. Paris: Payot, 1981.

BUSCHINGER, D. Les relations entre épopée française et épopée germanique – Essai de position des problèmes. In: *Au carrefour des routes d'Europe*: la chanson de geste. Aix-en-Provence: X Congresso Internacional da Société Rencesvalles, 1987, p. 77-101.

DILLMANN, F.-X. *L'Edda* – Récits de mythologie nordique par Snorri Sturluson. Paris: Gallimard, 1991 [Col. "L'Aube des Peuples"].

DUMÉZIL, G. *Mythes et dieux de la Scandinavie Ancienne*. Paris: Gallimard, 2000.

KRAPPE, A.H. "The Walkyries". *Modern Language Review*, 21, 1926, p. 55-73.

LACROIX, D.W. "Edda poétique"; "Saga" e "Snorri Sturluson". In: GAUVARD, C.; LIBERA, A. & ZINK, M. (orgs.). *Dictionnaire du Moyen Âge*. Paris: PUF, 2002, p. 464-466, 1.264-1.267 e 1.339-1.342 respectivamente.

MÜLLER, Ur. & MÜLLER, Ul. (orgs.). *Richard Wagner und sein Mittelalter*. Salzburgo: U. Muller-Speiser, 1989.

SIMEK, R. "Walküren". *Lexicon des Mittelalters*, 8/9, 1997, p. 1978.

STEBLIN-KAMENSKIJ, M.C. "Valkyries and Heroes". *Arkiv für nordisk Filologi*, 97, 1982, p. 81-93.

TONNELAT, E. *La legende des Nibelungen en Allemagne au XIXe siècle*. Paris: Les Belles Lettres, 1952.

***

Este livro já estava terminado quando recebi o total de 1.276 páginas de BRETÈQUE, F.M. *L'imaginaire médiéval dans le cinéma occidental*. Paris: Honoré Champion, 2004. Nesse notável trabalho encontram-se importantes e precisas informações sobre os filmes citados aqui, bem como outras obras cinematográficas que ilustram o imaginário medieval. Ele apresenta principalmente, do ponto de vista do cinema, o gótico, Rolando, El Cid, Artur, os cavaleiros, Merlin, os trovadores, Tristão e Isolda, Renart, Robin Hood, a Idade Média de Walter Scott, de Victor Hugo e de Wagner.

Créditos fotográficos

Paris: AKG, 68, 165, 182, 197, 247.

Paris: BNF, 38, 87, 167, 236, 274.

Iconografia reunida por Frédéric Mazuy, auxiliado por Karine Benzaquin e Marion Guillemet.

Vozes de Bolso

- *Assim falava Zaratustra* – Friedrich Nietzsche
- *O Príncipe* – Nicolau Maquiavel
- *Confissões* – Santo Agostinho
- *Brasil: nunca mais* – Mitra Arquidiocesana de São Paulo
- *A arte da guerra* – Sun Tzu
- *O conceito de angústia* – Søren Aabye Kierkegaard
- *Manifesto do Partido Comunista* – Friedrich Engels e Karl Marx
- *Imitação de Cristo* – Tomás de Kempis
- *O homem à procura de si mesmo* – Rollo May
- *O existencialismo é um humanismo* – Jean-Paul Sartre
- *Além do bem e do mal* – Friedrich Nietzsche
- *O abolicionismo* – Joaquim Nabuco
- *Filoteia* – São Francisco de Sales
- *Jesus Cristo Libertador* – Leonardo Boff
- *A Cidade de Deus – Parte I* – Santo Agostinho
- *A Cidade de Deus – Parte II* – Santo Agostinho
- *O conceito de ironia constantemente referido a Sócrates* – Søren Aabye Kierkegaard
- *Tratado sobre a clemência* – Sêneca
- *O ente e a essência* – Santo Tomás de Aquino
- *Sobre a potencialidade da alma* – De quantitate animae – Santo Agostinho
- *Sobre a vida feliz* – Santo Agostinho
- *Contra os acadêmicos* – Santo Agostinho
- *A Cidade do Sol* – Tommaso Campanella
- *Crepúsculo dos ídolos ou Como se filosofa com o martelo* – Friedrich Nietzsche
- *A essência da filosofia* – Wilhelm Dilthey
- *Elogio da loucura* – Erasmo de Roterdã
- *Utopia* – Thomas Morus
- *Do contrato social* – Jean-Jacques Rousseau
- *Discurso sobre a economia política* – Jean-Jacques Rousseau
- *Vontade de potência* – Friedrich Nietzsche
- *A genealogia da moral* – Friedrich Nietzsche
- *O banquete* – Platão
- *Os pensadores originários* – Anaximandro, Parmênides, Heráclito
- *A arte de ter razão* – Arthur Schopenhauer
- *Discurso sobre o método* – René Descartes
- *Que é isto – A filosofia?* – Martin Heidegger
- *Identidade e diferença* – Martin Heidegger
- *Sobre a mentira* – Santo Agostinho
- *Da arte da guerra* – Nicolau Maquiavel
- *Os direitos do homem* – Thomas Paine
- *Sobre a liberdade* – John Stuart Mill

- *Defensor menor* – Marsílio de Pádua
- *Tratado sobre o regime e o governo da cidade de Florença* – J. Savonarola
- *Primeiros princípios metafísicos da Doutrina do Direito* – Immanuel Kant
- *Carta sobre a tolerância* – John Locke
- *A desobediência civil* – Henry David Thoureau
- *A ideologia alemã* – Karl Marx e Friedrich Engels
- *O conspirador* – Nicolau Maquiavel
- *Discurso de metafísica* – Gottfried Wilhelm Leibniz
- *Segundo tratado sobre o governo civil e outros escritos* – John Locke
- *Miséria da filosofia* – Karl Marx
- *Escritos seletos* – Martinho Lutero
- *Escritos seletos* – João Calvino
- *Que é a literatura?* – Jean-Paul Sartre
- *Dos delitos e das penas* – Cesare Beccaria
- *O anticristo* – Friedrich Nietzsche
- *À paz perpétua* – Immanuel Kant
- *A ética protestante e o espírito do capitalismo* – Max Weber
- *Apologia de Sócrates* – Platão
- *Da república* – Cícero
- *O socialismo humanista* – Che Guevara
- *Da alma* – Aristóteles
- *Heróis e maravilhas* – Jacques Le Goff